Georg Hanke · Vom Chaos zum Konsens

Georg Hanke

Vom Chaos zum Konsens

Unternehmenskommunikation optimieren

GABLER

Die Deutsche Bibliothek – CIP-Einheitsaufnahme

Hanke, Georg:
Vom Chaos zum Konsens : Unternehmenskommunikation optimieren / Georg Hanke
Wiesbaden: Gabler, 1996
ISBN-13: 978-3-409-18887-6

ISBN-13: 978-3-409-18887-6   e-ISBN-13: 978-3-322-87097-1
DOI: 10.1007/978-3-322-87097-1
Der Gabler Verlag ist ein Unternehmen der Bertelsmann Fachinformation.
© Betriebswirtschaftlicher Verlag Dr. Th. Gabler GmbH, Wiesbaden 1996
Lektorat: Ulrike M. Vetter
Softcover reprint of the hardcover 1st edition 1996

Das Werk einschließlich aller seiner Teile ist urheberrechtlich geschützt. Jede Verwertung außerhalb der engen Grenzen des Urheberrechtsgesetzes ist ohne Zustimmung des Verlags unzulässig und strafbar. Das gilt insbesondere für Vervielfältigungen, Übersetzungen, Mikroverfilmungen und die Einspeicherung und Verarbeitung in elektronischen Systemen.

Höchste inhaltliche und technische Qualität unserer Produkte ist unser Ziel. Bei der Produktion und Verbreitung unserer Bücher wollen wir die Umwelt schonen: Dieses Buch ist auf säurefreiem und chlorfrei gebleichtem Papier gedruckt. Die Einschweißfolie besteht aus Polyäthylen und damit aus organischen Grundstoffen, die weder bei der Herstellung noch bei der Verbrennung Schadstoffe freisetzen.

Die Wiedergabe von Gebrauchsnamen, Handelsnamen, Warenbezeichnungen usw. in diesem Werk berechtigt auch ohne besondere Kennzeichnung nicht zu der Annahme, daß solche Namen im Sinne der Warenzeichen- und Markenschutz-Gesetzgebung als frei zu betrachten wären und daher von jedermann benutzt werden dürften.

Umschlaggestaltung: Schrimpf und Partner, Wiesbaden
Satz: FROMM MediaDesign GmbH, Selters/Ts.

Vorwort

Unternehmenserfolg beruht auf der Kombination der Produktionsfaktoren, die aber bei schlechter Kommunikation nur schlecht gelingen kann.

Der Manager hat es nicht leicht: Mitarbeiter motivieren, Kunden zufriedenstellen, den Wettbewerb abhängen, die Öffentlichkeit einnehmen, den Gewinn maximieren sowieso ...

Viele Manager werden zunehmend verunsichert. „Neue Führungsqualitäten" werden gefordert, von „sozialer Kompetenz" ist die Rede; nicht mehr Führen, sondern „Coachen" ist angesagt. Reengineering, Lean in vielen Variationen und „Chaosmanagement" lassen manchen vor der Zukunft bangen: Wird, was er zum Heil des Unternehmens einleitet, vielleicht zu seinem eigenen Unheil?

Wer weiß schon, ob diese Neuerungen greifen? Machen doch manche Unternehmen die Erfahrung, daß die Akzeptanz durch die Mitarbeiter sehr zu wünschen übrig läßt, konkret: Motivation und Leistung, die es ja eigentlich zu verbessern galt, sind schlechter als zuvor. Und das Schlimmste: Noch weiß keiner so recht, was man bei der Implementierung der einen Methode falsch macht, da wird schon eine neue Methode propagiert.

Dieses Buch soll führen helfen. Ich will in einfachen Gedanken und Bildern einen oft mißachteten Wirkungsfaktor im Unternehmenserfolg beleuchten und werde zeigen, daß Unternehmenserfolg eine Funktion der Kommunikationsqualität ist. Ich werde dabei die Bedeutung der Unternehmenskommunikation als Ganzes herausstellen.

Nach der Lektüre werden Sie

- einen besseren Blick für Kommunikationsdefizite als Ursache von Führungsproblemen haben – weil ich Handlungsbedarf nachweise anhand vieler, ganz alltäglicher Beispiele aus der Praxis; diese Beispiele sind anonymisiert, denn niemand soll „in die Pfanne gehauen" werden;

- davon überzeugt sein, daß Kommunikation mehr ist, als daß eine Führungskraft sie „delegieren" darf, und Sie werden zugleich einen besseren Maßstab für die Bewertung von Kommunikationsdefiziten haben – weil ich die Funktionen der Kommunikation für das Unternehmen beleuchte;

- wissen, wie Sie Konsens und zweckvolle Kontinuität erzielen in grundsätzlichen Fragen, so daß Störungen vermieden, Zeit und Kosten gespart und Motivation und Leistung der Mitarbeiter wie auch die Zufriedenheit der Kunden und des Umfeldes erhöht werden – weil ich einen leicht nachvollziehbaren Weg aufzeige, wie man die Unternehmenskommunikation insgesamt zu einem Faktor hoher Produktivität macht.

Mir geht es nicht darum, zu wiederholen, was andere gedacht haben – sie haben manches bewirkt, aber nicht das, was mit diesem Buch beabsichtigt ist. Die eigene Erfahrung aus vielen Jahren Analysetätigkeit und Arbeit an Unternehmensleitbildern reicht aus, um eigene Gedanken zu rechtfertigen. Und mit etwas Glück sind sie auch in die richtige Reihe zu bringen.

Würdigen möchte ich an dieser Stelle Benno Keysselitz, dessen Erfahrungen, Reflexionen und Arbeitsmethoden viel zu meinem Bild von Unternehmenskommunikation beigetragen haben.

München, im Dezember 1995   GEORG HANKE

Inhalt

Vorwort — 5

1. **Was man allgemein unter Unternehmenskommunikation versteht** — 11
   Meistens ausschließlich:
   die externe Kommunikation — 11
   Meistens vernachlässigt:
   die interne Kommunikation — 18
   Meistens unterschätzt: die Wechselwirkung — 21

2. **Beobachtungen im Alltag:**
   Unbeachtete Mängel mit schlimmen Folgen — 23
   Fehlende Sensibilität für Kommunikationsdefizite — 23
   Selbstverständlichkeiten werden zu aktuell
   drängenden Wünschen — 24
   Der Blick mit Scheuklappen — 26
   Kommunikationsdefizite durch die
   Organisationsstruktur — 27
   Weitere Beispiele für Kommunikationsdefizite — 30
   Die Bilanzsumme enteilt den Fähigkeiten — 31
   Ein Patriarch segnet — 33
   Noch ganz normal? — 34
   Unfruchtbare Ehen — 36
   Basisferne — 39
   Delegation total — 41
   Verwechslung von Information
   mit Kommunikation — 42
   Befehl und (kein) Gehorsam — 42

Die indirekte Kommunikation — 43
Instrumente ohne Bedienungsanleitung — 44
Zielunklarheit — 45
Zwischen Flexibilität und Starre — 46
Was machen wir denn schon Besonderes? — 48
Lohnt es sich denn (noch)? — 49
Mangelhafte Vorsorge — 50
Vornehm oder nicht clever? — 52
Mit oder ohne Dolmetscher? — 52
Zurückhaltung üben oder verwechselt und übersehen werden? — 53
Ein Mangel kommt selten allein — 54
Papst und Gegenpapst — 55
Die Teufelsspirale — 57
Die Vielzahl der Symptome — 57
Die Bilanzierung der Kommunikation — 62

3. Funktionen der Kommunikation, die oft übersehen werden — 67
Kommunikation ist Verhalten, das Verhalten steuert — 67
   Wissen allein verändert Verhalten nicht — 68
   Die Bedürfnislage bestimmt die Chancen für Informationen — 71
   Erfolgreiche Verhaltensänderung geht mehrere Wege — 73
Kommunikation ermöglicht die Kombination der Produktionsfaktoren — 75
   Das Unternehmen: System aus Sachen und *Menschen* — 75
   Der Produktionsfaktor Arbeit heißt Mensch — 77
   Menschen führen heißt, Sinn geben — 79
   Menschen führen heißt, Interessen arrangieren — 82

Menschen führen heißt,
Systeme kompatibel machen _____ 85
Kommunikation sichert Unternehmens-Identität _____ 88

4. Wege zur Verbesserung der Unternehmenskommunikation _____ 93
   Die Vorgehensweise _____ 93
      Entschlossenheit: Konsens der Geschäftsleitung _ 93
      Offenheit: IST-Analyse _____ 95
      Vision: Leuchtfeuer im Nebel operativer Hektik _ 103
      Kommunikationsmatrix: SOLL-Bestimmung
      nach Zielgruppen _____ 108
   Die Konzeption von Maßnahmen mit Initialwirkung _ 123
      Die Kompetenzaussage:
      profilierend und motivierend _____ 123
      Das Leitbild:
      Konsens über „woher", „wohin" und „wie" _____ 128
      Das Corporate Design:
      dem Selbstbewußtsein Ausdruck verleihen _____ 135
   Die Konzeption wesentlicher Standardmaßnahmen _ 138
      Geschäftsbericht: zur Wahrheit die Klarheit _____ 138
      Mitarbeiterzeitung: klären statt verschleiern _____ 140
      Kommunikationstraining:
      sich ändern durch Erfahrung _____ 148
   Das Bausteinsystem:
   erhöhte Wirkung bei reduzierten Kosten _____ 151
   Die Zentralisierung als Konsequenz:
   Unternehmenskommunikation ist Führungsaufgabe _ 153

Schlußwort: Kommunikation und Ethik _____ 159

Abbildungsverzeichnis _____ 163

Der Autor _____ 165

1 Was man allgemein unter Unternehmenskommunikation versteht

Jedes Unternehmen kommuniziert, doch wird – wer von Kommunikation spricht – häufig gefragt: „Was genau meinen Sie denn?" Wer sich nicht vergewissert, läuft Gefahr, mißverstanden zu werden. Denn es ist noch nicht selbstverständlich, daß zur Unternehmenskommunikation mehr als Werbung und PR gehört. Andererseits verstehen viele unter Kommunikation im Unternehmen ausschließlich die elektronische. Hier in diesem Buch geht es nicht nur um Maßnahmen zur Darstellung des Unternehmens nach innen und außen und um Wechselwirkungen, sondern um Kommunikation als Verhalten und damit als einen die Unternehmenskultur prägenden Faktor. Aber der Reihe nach.

Meistens ausschließlich: externe Kommunikation

Für viele beinhaltet der Begriff Unternehmenskommunikation ausschließlich die Darstellung des Unternehmens und seiner Leistungen nach außen, also die „externe" Kommunikation. Solche Darstellung ist aber nur die Informations*abgabe* an Personen und Instanzen außerhalb des Unternehmens beziehungsweise der Organisation. Der Informations*austausch* wird kaum darunter gesehen, und somit ist zwar diese Informationstätigkeit nach außen (ob Werbung, Pressearbeit oder Verkaufsförderung ...) Teil der Kommunikation, aber eben nur der Teil Informations*abgabe*.

Informationen gelangen auf zwei Wegen nach draußen: auf dem Weg der persönlichen Kommunikation und auf dem der institutionellen „Kommunikation", die – wie eben gezeigt – meistens nur eine Informationsabgabe ist. In diesem Kapitel geht es um die institutionelle Kommunikation. Die persönliche hängt von der Qualität der internen Kommunikation ab, selbst wenn es sich um Verkaufsgespräche handelt.

Abbildung 1 zeigt einen Versuch, externe Kommunikation einfach zu strukturieren und damit in feste Relationen zu setzen. Diese Listung macht die enorme Bedeutung der externen Kommunikation deutlich. Dabei ist die Art, in der diese Tätigkeit verrichtet wird, noch gar nicht angesprochen.

Das große Problem bei der externen Kommunikation eines Unternehmens besteht darin, daß durch die Organisation der einzelnen Funktionen in Abteilungen oder Gruppen (Werbung, Verkausförderung, PR ...) eine Abtrennung erfolgt und sich voneinander unabhängige Systeme bilden. Oft genug auch liegt die Verantwortung für die Erstellung der einzelnen Medien innerhalb dieser Funktionsbereiche in verschiedenen Händen. Wer sorgt dafür, daß alle Bereiche das gleiche Bild des Unternehmens zeichnen, so daß nicht etwa die von der Werbung erreichten Verbraucher ein anderes Bild haben als die von der Personalabteilung erreichten Hochschulabgänger, die von PR und Presse erreichten Redaktionen und Verbände? Das Problem wurde erkannt, und immer mehr Unternehmen praktizieren eine „integrierte Kommunikation": Sie verstehen darunter die bessere Abstimmung hauptsächlich von Werbung und PR (wobei dann oft PR auch die redaktionelle Arbeit an der Mitarbeiterzeitung einschließt).

Werben	für die Organisation im Umfeld von (profilierten) Konkurrenten (Image-Bildung/Profilierung) wie für das Produkt und Dienstleistungsangebot im Umfeld der Angebotsvielfalt von Konkurrenten (Produktwerbung)
Zuwendung „erzwingen"	im Umfeld eines durch Informationsüberangebot nachlassenden Interesses (Verkaufsförderung)
Überzeugen von der Richtigkeit einer getroffenen Entscheidung	durch den Kauf beziehungsweise die Inanspruchnahme begleitende oder nachfassende Formulierung der Vorteile (Verhaltensbestätigung)
Vertrauen gewinnen und erhöhen	durch offene und befriedigende Information für bedeutsame Zielgruppen, seien es Kunden, „Mittler", künftige Mitarbeiter oder Partner oder auch „nur" eine abseits stehende, aber auf Kommando über ein Unternehmen herfallende Öffentlichkeit (Öffentlichkeitsarbeit: Unter dem Begriff wird heute von einigen auch die auf die Beeinflussung der Mitarbeiter gerichtete Informationsarbeit gesehen; dem soll hier aus methodischen Gründen nicht gefolgt werden.)
Bekanntheit erhöhen und Sympathie gewinnen	durch Anhängen an andere Sympathieträger (speziell Sponsoring, sonst natürlich jede andere Art außengerichteter Informationsabgabe)
Präsenz stärken	im Bewußtsein bedeutsamer Zielgruppen durch deutliche, gleichbleibende Symbole wie Posthorn, Sparkassen-S, blaues Band etc. („Erscheinungsbild" mit Rückwirkung auf die Mitglieder der Organisation, vgl. etwa das „Ehrenkleid der Legion")
Noch selten, aber immer mehr: die besondere Kompetenz verdeutlichen	durch die Visualisierung des eigenen Anspruchs im Erscheinungsbild wie in den klassischen Instrumenten der externen Kommunikation

Abbildung 1.1: Die Ziele der externen institutionellen Kommunikation

im Bereich Werbung und Verkauf	Produktausstattung (Verpackung, Anweisung, Formulare, begleitende Informationen), Kundeninformation, Kundenzeitschrift, als „Werbemittel" werden eingesetzt: Produkt/Image-Anzeigen, Plakate, Funk-/TV-Spots, Briefe, Fensterdekoration, Mailings, Besuche/Gespräche ... als „Werbeträger" dienen: Zeitungen, Zeitschriften, Funk, Fernsehen, Mailbox ... Kino, Plakatflächen, Produkte (Packungen) ... und Personen
im Bereich Verkaufsförderung	Ausstellungen, Messen, Veranstaltungen, Sonderpreise, Zugaben, Gewinnspiele ...
im Bereich Personalakquisition	Vorträge in (Hoch-)Schulen, Vergabe und Betreuung von Diplomarbeiten, Aufnahme von Praktikanten, Fachartikel, Informationsbroschüren zum Problem Stellensuche, Informationsbörse Berufswahl (gegebenenfalls mit Partnern, siehe Sponsoring)
im Bereich Sponsoring	Bereitstellen von Räumen für Veranstaltungen, Übernahme (von Anteilen) der Kosten für Ausstattungen und Informationsmaterial, Bereitstellen des nötigen Personals („Ordner" und andere)
im Bereich Öffentlichkeitsarbeit/Presse	Geschäftsbericht, Pressedienst, -konferenz redaktionelle Beiträge, Leserbriefe, Besichtigungen, Ausstellungen, Patenschaften, soziokulturelles Engagement
im Bereich Erscheinungsbild	gleichbleibende, wiederkehrende Stilelemente in allen Formen des Auftritts als Symbole, Außen und Innenarchitektur, Atmosphäre schaffende Dinge wie Raumausstattung, Bepflanzung, Kleidung, Umgangsformen ...

Abbildung 1.2: Die Instrumente der externen institutionellen Kommunikation

im Bereich Werbung und Verkauf	Kunden und potentielle Kunden, wobei der „Kunde" Händler und/oder Verbraucher sein kann
im Bereich Öffentlichkeitsarbeit und Sponsoring	Kunden und potentielle Kunden, Familien beziehungsweise Angehörige der Mitarbeiter, Geschäftspartner wie Lieferanten, Geldgeber, Aktionäre, „Eigner", Politiker, VIP's, Opinion leaders, Medien, Journalisten, bedeutsame Organisationen (Berufs- und Branchenverbände, Kirchen, Vereine)

Abbildung 1.3: Die Zielgruppen der externen institutionellen Kommunikation

Oft wird auch unter Werbung alles subsumiert, was nach draußen gerichtet ist, und aus Kostengründen überläßt man es Leuten, deren künstlerische – „kreative" – Qualifikation außer Zweifel steht, die aber von betriebswirtschaftlichen und sozialpsychologischen Kenntnissen völlig unbeleckt sind. Abbildung 2 soll zum Nachdenken anregen und zeigen, daß „externe" Kommunikation nicht loszulösen ist von der Unternehmensführung insgesamt.

Externe Kommunikation

Oft gehörte Aussage	Oft übersehen z. B.	Also zu beachten z. B.	Das erfordert:
Werbung soll ja nur – Aufmerksamkeit erregen	Wahrnehmungsgesetze: Chancen-Plus durch ... – klare, erkennbare Gestalt – Abheben von Hintergrund/Umgebung – Anknüpfen an Bekanntes – Häufigkeit/Wiederholung – geeignete Situation	– Prägnanz – Originalität in Relation zum Umfeld – Kontinuität – Geschlossenheit des Auftritts – strenge Zielgruppenorientierung	– Konzentration auf das Wesentliche – Kenntnis des Umfeldes, in dem kommuniziert wird – Überzeugung von der langfristigen Richtigkeit des Konzepts – Konzept für einen Verbund-Auftritt – Kenntnis der Gepflogenheiten der Zielgruppen
– Interesse wecken	Grundlagen der Bedürfnisansprache: Chancen-Plus durch – klare, erkennbare Botschaft – schnelle und eindeutige Assoziierbarkeit mit dem Interesse (Nutzen, Bedürfnis ...) des Angesprochenen	– Prägnanz der Mitteilung – Direktheit der Mitteilung	– Übersetzung der Angebotsqualität in den eigentlichen Kundennutzen und Fähigkeit und Mut, etwas „auf den Punkt" zu bringen – Kenntnis der Zielgruppenbedürfnisse

Abbildung 2.1: Ist alles durchdacht? Die Werbung in enger Verbindung zur Unternehmensführung

Was man unter Unternehmenskommunikation versteht

Oft gehörte Aussage	Oft übersehen z. B.	Also zu beachten z. B.	Das erfordert:
– zum Kauf/zur Kontaktaufnahme anregen	– daß es meistens mehrere im Markt gibt, die davon profitieren, daß andere zwar das Bedürfnis wecken, aber nicht klar sagen, wo es zu befriedigen ist	– deutliche und unmißverständliche Angabe des Absenders beziehungsweise der Adresse, wo das so trefflich erregte Bedürfnis befriedigt wird	– für direkte und deutliche Verbindung zwischen der aufgebauten Befriedigung und dem Absender sorgen
Werbung ist Werbung, für Motivation der Mitarbeiter sind andere zuständig	– daß nach außen gerichtete Werbung den Mitarbeiter stolz machen oder aber irritieren oder ihm sogar sein Negativbild bestätigen kann	– Merkmale, die den Stolz der Mitarbeiter fördern und somit zur Erhöhung der Identifikation mit dem Unternehmen beitragen	– Kenntnis der Arbeits- und Unternehmensmerkmale, die als Identifikationsbasis taugen („Werte")
Wir machen immer nur das Notwendigste, so daß es nicht teuer wird	– daß neue Konzepte immer wieder lange Debatten und somit Kosten erzeugen – und daß die Produktion neuer Vorlagen Produktionszeit und Kosten erhöht	– eine langfristig tragfähige Grundausrichtung inklusive der Elemente des Erscheinungsbildes – mehrfach beziehungsweise „überall" verwendbare Bausteine des Erscheinungsbildes wie auch der imageprägenden Aussage	– ein Konzept für den effizienten Aufbau eines Wunsch-Images, das durch internes Verhalten und durch die tatsächliche Leistungsfähigkeit getragen wird

Abbildung 2.2: Ist alles durchdacht? Die Werbung in enger Verbindung zur Unternehmensführung (Fortsetzung)

Externe Kommunikation

Meistens mißachtet: die interne Kommunikation

Interne Kommunikation umfaßt alle Kommunikationsabläufe in einem Unternehmen, die Mitarbeiter, ihre Aufgaben und ihre Arbeitsmittel zum Erreichen der Unternehmensziele miteinander verbinden, und zwar persönlich wie über Medien („unterstützende" Kommunikation).

Was ist das Ziel interner Kommunikation? Ist es die möglichst weitgehende Integration der Mitabeiter in das Unternehmensgeschehen? Integration ist Voraussetzung für Identifikation, und Identifikation ist Voraussetzung für eine hohe Motivation zur Leistung. Vieles spricht dafür, daß dies noch viel zu wenig so gesehen wird.

Es ist immer wieder verwunderlich, wie selbst weltumspannende Beratungsunternehmen nicht die Kommunikation, sondern nur die Information für notwendig erachten, etwa im Prozeß einer Unternehmensveränderung: So spricht ein bekannter Berater zwar von der Einstellungsveränderung bei Mitarbeitern als Voraussetzung für den Erfolg einzuleitender Restrukturierung, meint aber, das „Informationsmanagement" sei hier von entscheidender Bedeutung. In dieser Sichtweise ist allein das Unternehmen ein System, nicht der Mensch.

Das Ziel der internen Kommunikation ist freilich zunächst, jedes Belegschaftsmitglied mit den Informationen auszustatten, die es zur Erfüllung seiner Aufgabe braucht. Dies sicherzustellen, wurde eine Aufgabe der Organisationsabteilung. Anhand der Organisationsstrukturen im Unternehmen wird festgelegt, wer wem wann welche Informationen zur Erfüllung von dessen Aufgabe gibt. Um diese Aufgabe des einzelnen ist dabei allgemein eine recht enge Grenze gezogen; um seine Aufgabe erfüllen zu können, muß streng genommen jemand nicht einmal wissen, wie sein Vorgesetzter heißt. Und diese Art des

Informationsflusses läßt sich mit EDV schnell und zuverlässig regeln.

Die Probleme dabei sind einmal das Fehlen von Informationen, die es erlauben, die Aufgabe in einem sinnvollen Ganzen zu sehen (der Bedarf kann individuell recht unterschiedlich sein), und zum anderen die Unterbrechung des Informationsflusses, wenn mal eine Instanz ausfällt oder „nicht richtig funktioniert".

Zur Absicherung dagegen, daß irgendwelche Schaltstellen im Unternehmen nicht funktionieren, suchte man schon frühzeitig nach so etwas wie einem „Bypass", vor allem für Informationen, die über das aufgabenorientierte Maß hinausgehen. Das Schwarze Brett ist eine solche Bypass-Maßnahme, auch Mitarbeiter- und Führungsbriefe. Hier aber hat man nicht mehr das Problem nicht funktionierender Schaltstellen, sondern das der kaum kontrollierbaren Reaktion der einzelnen Belegschaftsmitglieder: „Er liest, er liest nicht, er liest, er liest nicht ..." – vor allem, wenn die Lektüre „schlecht gemacht" ist.

Man hat nicht erst heute erkannt, daß ein gut informierter Mitarbeiter zufriedener ist und motivierter als ein unwissender. Aber der Aufwand für die Information der Belegschaft schien nur gerechtfertigt, wenn er direkt dem Arbeitsprozeß dient und/oder der Erhaltung und Regeneration der Arbeitskraft. Und so gab man den Mitarbeitern „bestimmte" Informationen regelmäßig. Hauptsächlich Betriebs- und Personalräte standen anfangs dahinter, daß etwa Sozialleistungen erklärt und rechtzeitige Hinweise auf Vorteile und notwendiges Verhalten gegeben würden: Die Mitarbeiterzeitung beziehungsweise -zeitschrift entstand.

Nicht erst neue Organisationsformen der Arbeit in kleinen Gruppen, sondern schon die Wiederentdeckung der biblischen Weisheit, daß der Mensch nicht nur vom Brot allein lebt, sondern „ein persönliches Wort" braucht, haben „Instrumente" entstehen lassen, um persönliche Kommunikation zu praktizieren. Ein solches Instrument ist zum Beispiel das Mitarbeitergespräch: einmal im Jahr ein persönliches Wort, meistens *von* seinem Vorgesetzten, selten in Rede und Gegenrede *mit* ihm. Eine andere Einrichtung zur persönlichen Kommunikation ist die Abteilungsbesprechung im Beisein eines Vorstands beziehungsweise Geschäftsführers: einmal im Monat das Wort von ganz oben, das leider oft nur Nebel statt Sonnenschein verbreitet. Aber es gibt immer mehr Unternehmen, die den Wert des persönlichen Gesprächs mit Mitarbeitern und zwischen ihnen wirklich erkannt haben und auch nutzen – als Basis für die Verbesserung von Prozessen, als Basis für Innovationen, als Basis für die Beförderung qualifizierter Mitarbeiter in Schlüsselpositionen.

Chefs sind nicht leicht davon zu überzeugen, daß viel Reden auch „viel bringt". Eines der Argumente für das Ermöglichen persönlicher Kommunikation ist dabei streng mathematischer Art, das gerade in einem prozeß- und innovationsorientierten Unternehmen auf Resonanz stößt: Die Zahl der möglichen Auswirkungen gegenseitiger Einflußnahme und damit auch geistiger „Befruchtung" sich begegnender Menschen wachse im Quadrat zu ihrer Zahl. Zwei Personen haben vier Möglichkeiten: A wirkt auf B, oder B auf A, oder beide beeinflussen sich, oder aber nichts klickt. Bei drei Personen gibt es bereits acht Möglichkeiten. Es ist sicher etwas daran, auch wenn immer eine der Möglichkeiten die total „unfruchtbare" ist.

Es gilt: Die Möglichkeiten zur Synergie sind immer zahlreicher als die Anzahl der beteiligten Personen – die Möglichkeiten! Nun folgt daraus aber nicht, daß man eine beliebige Anzahl von Personen zusammenbringen und auf zündende Ideen hoffen kann. Je größer eine Gruppe, desto geringer auch die Wahrscheinlichkeit, daß jeder mit jedem in Kontakt kommt, schon allein unter Berücksichtigung des Mangelfaktors Zeit.

Dieses Potential fasziniert, doch es birgt auch eine Gefahr: die Hingabe an unproduktive Palaver. Jedenfalls ist man gut beraten, außer der Mathematik auch die Sozialpsychologie zu befragen, sie kennt Methoden zur Optimierung von Meetings und zur Verhinderung von Unproduktivität.

Für nachdenkliche Betriebs- und Volkswirte: Kann es sein, daß das Maximalprinzip positiv mit geringer Produktivität korreliert? Denn „Palaver" sind besonders im Bereich der Sozialdienste und des öffentlichen Dienstes zu beobachten, also dort, wo man aus einem verfügbaren Budget „das Beste machen" soll. Hingegen kommen oft dort, wo „die Mark gemacht wird", Diskussionen und „ein menschliches Wort" zu kurz.

Meistens unterschätzt: die Wechselwirkung

Allmählich setzt sich die Erkenntnis durch, daß der „Auftritt" des Unternehmens nicht nur von der Qualität der Werbung bestimmt wird, sondern daß ihn jedes Belegschaftsmitglied mitprägt, auf mehrfache Weise: Mitarbeiter verbreiten nicht nur ihre Meinung über das Unternehmen; sie prägen vor allem durch ihre Leistung das Image des Unternehmens. Also werden Mitarbeiter immer mehr als die wichtigste Zielgruppe der Unternehmenskommunikation gesehen, und zwar nicht nur die Mitarbeiter in Vertrieb und Außendienst.

Dazu müssen wir uns vergegenwärtigen, daß das Image, der Ruf eines Unternehmens, nicht nur eine Wirkung der gezielten Information ist und von Äußerlichkeiten wie Logo, Farben usw., ja selbst Melodien, mit den sich ein Unternehmen umgibt, sondern auch die Wirkung der erlebten Leistung und des beobachteten Verhaltens. Das heißt aber, daß auch die persönliche Kommunikation mit hinein spielt.

Nun kann institutionelle wie auch persönliche externe Kommunikation verschiedene Prägungen haben: Das eine Extrem ist, daß keiner sich so wie der andere verhält, daß das Verhalten täglich wechselt und nicht mit der gezielten Information übereinstimmt. Das Unternehmen beziehungsweise die Organisation scheint ständig auf der Suche nach einem besseren Auftritt. Die Folge: Die beobachtete Unbeständigkeit wird schnell zum ImageFaktor Profillosigkeit/Stillosigkeit.

Das andere Extrem: Einer verhält sich wie der andere und das gestern, heute und morgen – die Organisation hat einen gleichbleibenden markanten Auftritt. Die Folge: Die Organisation ist als solche wiedererkennbar, gewinnt Profil, das den diversen Bereichen/Abteilungen, ja selbst dem einzelnen Mitarbeiter nutzen kann. Die positiven Erfahrungen werden mit wiederkehrenden Merkmalen verbunden und als Erwartung auf sie übertragen.

Andererseits bleiben die nach außen gerichteten Bemühungen eines Unternehmens zur Darstellung seiner Produkte und sonstigen Leistungen den Mitarbeitern kaum verborgen. Was sie dann in Anzeigen, in Verkaufsprospekten, in anderen Informationsträgern erfahren, kann sie mit Stolz erfüllen, aber auch mit Zweifel, mit Angst – viele Folgen sind denkbar einschließlich der Überzeugung, daß man bei einem „unmöglichen" Unternehmen arbeitet, das man schnellstens verlassen sollte.

2 Beobachtungen im Alltag: Unbeachtete Mängel mit schlimmen Folgen

Unternehmen sind komplexe Organisationen in einem sich rasch ändernden Umfeld. Will ein Unternehmen Bestand haben – es geht noch nicht einmal um besonderen Erfolg –, muß es sich diesen Veränderungen anpassen, also mithin sich selbst verändern, und zwar ebenfalls schnell, noch besser ständig. Das setzt einwandfreie Kommunikation voraus, intern wie extern. Viele Unternehmen sind weit davon entfernt: Strukturen haben Gewohnheiten entstehen lassen. Gewohnheiten trüben nicht nur den Blick für Mißstände und sorgen dafür, daß Maßstäbe oft weit neben der Wirklichkeit liegen; Gewohnheiten sorgen auch dafür, daß Kommunikationsdefizite unbemerkt bleiben, aber sich als immer wirksamer erweisen.

Fehlende Sensibilität für Kommunikationsdefizite

Kommunikationsdefizite in Unternehmen sind an der Tagesordnung. Weil sie so selbstverständlich sind, merkt man sie gar nicht mehr. Für den Berater ist es manchmal peinlich, wenn er erwachsene Menschen auf ganz banale Fehler und Zusammenhänge hinweisen muß. Im folgenden sollen Beispiele für Symptome, Ausmaß und Ursachen von Defiziten gezeigt werden, um Handlungsbedarf zu beweisen. Mehr als ein Beispiel wird den Leser an eigene Erfahrungen erinnern.

Symptome dafür, daß etwas nicht stimmt, können von außen kommen, etwa erfolglose Stellenanzeigen, Zurückhaltung der Banken, eine schlechte Presse, Zunahme der Beschwerden oder sogar sinkende Auftragszahlen und abspringende Kunden. Aber auch innen sind Symptome für Defizite zu spüren, zum Beispiel Mißmut, ein hoher Krankenstand, Führungskräfte jammern über ihre Mitarbeiter, andererseits hat die Geschäftsleitung das Gefühl, das Middle-Management wirke auf Informationen – gleich, ob die von oben nach unten sollen oder umgekehrt – „wie ein Schwamm".

Diese Anzeichen werden oft gar nicht bemerkt. Manches Unternehmen bräuchte kaum einen Berater, wenn unter 100 Menschen nur einer wäre, der Sensibilität für sein Umfeld zeigte – und dann auch noch gehört würde!

Selbstverständlichkeiten werden zu aktuell drängenden Wünschen

In vielen Unternehmen fragt man sich gar nicht, warum Dinge, die selbstverständlich sein sollten, zu aktuell drängenden Wünschen werden, zum Beispiel daß

- ▶ die Führungskräfte über Aufgaben und Ziele des Unternehmens einer Meinung sind und den Sinn von Zielen und Tätigkeiten an die Mitarbeiter weitergeben,
- ▶ die Kooperation in und zwischen den Bereichen effizienter wird,
- ▶ Synergiepotentiale im Unternehmen erkannt und ausgeschöpft werden,
- ▶ die nach draußen gehenden Informationen richtig, vollständig und für die Zielgruppen von tatsächlicher Bedeutung sind,

- die nach draußen gehenden Informationen nicht nur niveauvoll sind, sondern ein positives Bild vom Unternehmen formen,
- die Qualität der Kommunikation nicht leidet, wenn neue Mitarbeiter mit Kommunikationsaufgaben betraut werden müssen,
- man wenigstens das Gefühl hat, der Kommunikationsaufwand stehe in einem guten Verhältnis zum Nutzen.

Statt dessen soll ein Berater „Instrumente" empfehlen, die das Führen leichter machen. Die Klappe fällt oft dann, wenn der Berater von einer Analyse der IST-Situation (Kultur, Kommunikation, Verhalten, Selbstverständnis, Image) spricht. Man entgegnet ihm: „Wieso? Ich sage Ihnen doch: Es geht nur darum, das Middle-Management dazu zu bringen, den Leuten unsere Ziele rüberzubringen!" Wenn's so einfach wäre, könnte man Siemens von einem Unteroffizier managen lassen.

Das Ausmaß der Defizite ist oft beträchtlich. Mangelnder Konsens – Basis für den Konkurs durch Chaos – ist dabei nicht Ursache, sondern Symptom: Symptom für vielerlei menschliche Schwächen.

Daß die Kommunikationsqualität mancher Manager zu wünschen übrig läßt, spürt man gelegentlich, wenn wieder mal eine Fusion scheitert. Ja, so drückt man es aus: „Die Fusion scheiterte." Man spricht nicht von denen, die das Scheitern herbeigeführt haben; die kurbeln vielleicht längst etwas anderes an, was vermutlich auch zum Scheitern verurteilt ist. Dabei kann man manchen gar keinen Vorwurf machen; sie messen sich an denen, mit denen sie zu tun haben, und die können es auch nicht besser.

Bei der Analyse von Unternehmen entsteht nicht selten der Eindruck, daß jeder, mit dem man über das Unternehmen xy spricht, von einem anderen Unternehmen redet. Man kann sich nur wundern, warum die jährliche Konkurszahl – derzeit bei 25 000! – nicht noch höher ist bei so viel Mißverständnissen und so geringer Übereinstimmung in Dingen des betrieblichen Alltags. Dabei divergieren nicht nur die Meinungen von Geschäftsleitungen beziehungsweise Unternehmen und ihren Kunden, wir finden solche Unterschiede innerhalb der Unternehmen in noch groteskerer Weise.

Der Blick mit Scheuklappen

Von einem Kommunikationsberater wollen alle Unternehmensleitungen weitgehend dieselbe Aufgabe gelöst haben: die Leistung des Unternehmens besser nach außen darstellen, so daß man sich von der Konkurrenz abhebt und die „Mitarbeiter auf diese Weise wieder mit Stolz erfüllt und besser motiviert sind". Das heißt, die außen erkennbare Wirkung steht meistens im Vordergrund.

Manager sind ständig in Gefahr, ihren Blick nur dorthin zu richten, wo das Geld herkommt, nicht dorthin, wo es gemacht wird. „Dem Markt deutlicher sagen, wer wir sind", ist ein oft formulierter Auftrag. Oft steht auch der Eindruck dahinter, daß „das Niveau unseres ganzen Auftretens etwas anzuheben ist, um unsere Mitarbeiter mit Stolz zu erfüllen, damit sie sich mehr ins Zeug legen". In solchem Ansinnen vermischt sich Wahres mit Unmöglichem. Der Wunsch, Mitarbeiter durch ein „ordentliches" Erscheinungsbild mit Stolz zu erfüllen, kann wahrgemacht werden. Dagegen kann die Hoffnung nicht erfüllt werden, durch äußeren Glanz Mitarbeiter zu engagierter Leistung zu motivieren. Wenn Mitarbeiter „die Flügel hängen lassen", dann nicht, weil draußen die Fahne ebenfalls müde herunterhängt. Es ist umgekehrt: Das Image ist schlecht, weil die Mannschaft nichts bringt. Der Vergleich ist banal, aber mittlerweile zu einem Bonmot geworden: „Wenn eine Birne nach draußen leuchten soll, muß sie drinnen glühen."

Kommunikationsdefizite durch die Organisationsstruktur

Nehmen wir die übliche pyramidale Unternehmenshierarchie. Sie entstand aus dem Streben des Menschen nach Ordnung und Sicherheit, eine ihrer Funktionen ist also die Kontrolle. Aber wie sieht es in Wirklichkeit aus? Von oben nach unten gehen Informationen über fünf Instanzen, seitwärts ebenso oder mehr, und jeder in den Kästchen (siehe Grafik) hat seine eigene Sichtweise, seine eigenen Interessen, seine besondere Art der Aufnahme, Verarbeitung und Weitergabe von Informationen.

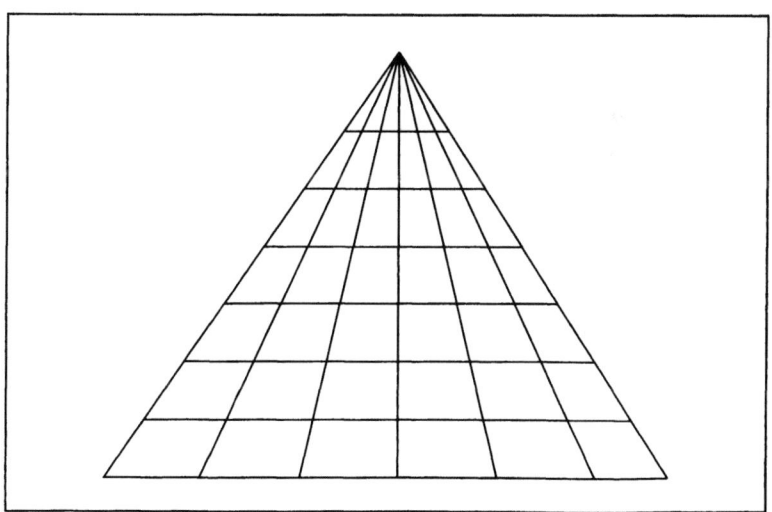

In manchen Unternehmen ist es wie beim Kinderspiel „Stille Post". So wundert sich ein Vorstand:

„Wir geben klare Zielsetzungen, aber man hat das Gefühl, daß die unten nicht ankommen." Und aus dem Middle-Management sagt einer: „Ich gebe meinen Mitarbeitern die Informationen, die ich für notwendig halte, damit sie die ihnen gestellten Aufgaben erfüllen können" – was er sich halt so unter notwendig vorstellt. Seine Mitarbeiter dazu: „Wenn wir nicht wüßten, wo wir die Informationen herkriegen, die wir brauchen, läuft hier gar nichts mehr."

Das heißt, Informationen werden auf dem Weg von oben nach unten und umgekehrt gefiltert und gefärbt. Aber nicht nur das: Diese Art der Kommunikation erhöht den Zeitbedarf und ist sicher keine kostenbewußte Kommunikation. Was das in der Praxis heißt, belegt der Bericht einer genervten Personalsachbearbeiterin in einem Unternehmen des Öffentlichen Dienstes (aber andere sollten sich nicht zufrieden zurücklehnen: Es ist in privatwirtschaftlichen Unternehmen ähnlich, nur werden sie schneller bestraft):

„Ich bin auch für den Entwurf von Personalanzeigen zuständig. Ich lege dann den Anzeigenentwurf meinem Vorgesetzten zur Unterschrift vor. Bevor ich den Entwurf mit allen acht Unterschriften wiederhabe, vergehen vier Wochen, manchmal mehr, und ich erkenne ihn nicht wieder. Aber keiner hat mit mir geredet. Nach zwei Wochen erscheint die Anzeige, und dann meldet sich meistens keiner darauf."

Es ist vielen Chefs bekannt, daß die Kommunikation nicht zum besten bestellt ist, in manchen Unternehmen tun sie sogar etwas dagegen – pardon: lassen tun! Denn oft erhält man Beweise, daß sie relativ unbekümmert Kommunikation nicht als ihre Führungsaufgabe betrachten. So sagt ein Vorstand: „Es gab mal Kommunikationsprobleme zwischen dem Middle-Management und Mitarbeitern. Ob das noch so ist, weiß ich nicht."

Sehen wir einmal von menschlichen Schwächen ab, die etwa in der Angst vor Versagen liegen und sich darin äußern, daß ein „Vor"gesetzter partout alles verändern muß, was seine „Untergebenen" ihm liefern, oder darin, daß er den persönlichen Kontakt zu Mitarbeitern meidet, die schneller reden als er. Halten wir einmal alle für normal und sehen, daß alle von ihren Aufgaben bestimmt sind, aber auch von ihrem Fach, ihrer sozialen Herkunft, und daß auch Glücksempfindungen und Sorgen ihr Verhalten beeinflussen; und wenn sie außerdem auch nicht über die Sache miteinander reden, dann – ja, dann erkennt man eben am Ende die ursprüngliche Arbeit nicht mehr wieder.

Hinzu kommt, daß jede Gemeinschaft – auch unbewußt und ungerichtet – eine Struktur von Beziehungen zwischen den Individuen entwickelt. Die Beziehungen bestimmen den Kommunikationsfluß. So ist es zum Beispiel nicht verwunderlich, daß Informationen auf dem Weg von oben nach unten und umgekehrt wie seitwärts in einer Hierarchie gefärbt, gefiltert, gefälscht werden – ohne böse Absicht bereits eine mißlungene Kommunikation, die zu Mißverständnissen führt. Und wohin führen Mißverständnisse? Wenn sie nicht erkannt werden, zum Zusammenbruch einer Gemeinschaft. Werden sie erkannt, erfordern sie mehr oder weniger großen Aufwand zu ihrer Behebung.

Zwischen den Bereichen sind es nicht nur Mißverständnisse, oft sind es fast unüberbrückbare Fronten, die sich aus mangelnder Kommunikation und aus der fachlichen Introvertiertheit ergeben: Es fällt immer schwerer, die Argumente zu verstehen, die aus anderen Abteilungen kommen. Offene Aversion wird deutlich in gegenseitigen Betitelungen wie „die

Spinner vom Marketing", „die Produktions-Banausen" usw. Die Zusammenarbeit zwischen manchen Bereichen geht vielfach nur über Dritte oder unter Moderation von Dritten – sicherlich nicht unbedingt der Produktivität dienlich.

Daß Menschen, je höher sie im Geäst einer Hierarchie sitzen, den Kontakt mit den Vögeln unter ihnen meiden, hängt mit Dünkel zusammen, vielleicht auch mit so etwas wie „Angst vor Ansteckung", wieder wie einer von ihnen zu werden. Die Folge: Sie verlernen die Umgangssprache und wundern sich dann: „Wir informieren doch die Belegschaft über Rundschreiben, die können bloß nicht lesen!" Lesen wohl, aber wer, vor allem welcher „Blaumann", versteht denn schon finanzwirtschaftliches Kauderwelsch?

Weitere Beispiele für Kommunikationsdefizite

Eine starre Hierarchie und unsensible Manager sind nicht die einzige Ursache für mangelhafte Kommunikation im Unternehmen und ihre Folgen. Es gibt viele weitere, die oft untereinander stark verwoben sind, weil ein Mangel den anderen fördert. Im folgenden werden einige Situationen aus Unternehmen skizziert, jeweils unter der Überschrift der als zentral analysierten Ursache. Anschließend folgen Beispiele für „vertrackte" Verknüpfungen, und die Frage nach einer Bilanzierung der Kommunikation wird angesprochen.

Bei den folgenden Beispielen sind drei Fakten im Auge zu behalten:

▶ Das Unternehmensbild der Geschäftsleitung schlägt sich in den Kommunikationsmitteln des Unternehmens nieder, in den Anzeigen, den Werbespots, im Geschäftsbericht, in

Pressemeldungen, und intern vor allem in der Mitarbeiterzeitung beziehungsweise -zeitschrift, die ja meistens einer Zensur unterliegt.

▶ Mitarbeiter eines Unternehmens sind für Kunden und Öffentlichkeit Informationsquellen von hoher Glaubwürdigkeit; dies wird vor allem in Krisensituationen deutlich, wenn Unternehmensleitungen anstelle ihrer offiziellen Pressemeldung die Meinung von Mitarbeitern abgedruckt finden.

▶ Die Meinung von Kunden und Geschäftspartnern kennzeichnet ganz allgemein den Erfolgsgrad der Bemühungen eines Unternehmens.

Die Bilanzsumme enteilt den Fähigkeiten

Der Mensch betrachtet Wachstum als Erfolg und übersieht dabei allzuleicht, daß in einem Unternehmen nicht bei allen Mitarbeitern die persönlichen Fähigkeiten im erforderlichen Maße mit der Bilanzsumme mitwachsen. Mit zunehmender Größe eines Unternehmens gibt es nicht nur funktionale Arbeitsteilung, sondern es bilden sich mit diesen, nun auf verschiedene Abteilungen verteilten Funktionen auch Subkulturen heraus in einem bislang gleichgerichteten Unternehmen. Und bald ist zu beobachten, daß die Bereiche aufgrund ihrer verschiedenartigen funktionalen Ausrichtung und der damit auch unterschiedlichen Erfahrungen den Karren nicht in die gleiche Richtung ziehen.

Wie sich im Schatten eines von Euphorie begleiteten Wachstums Defizite und Frust entwickeln, zeigt das folgende Beispiel eines Kreditinstituts.

Mit der Größe nahm das Selbstbewußtsein des Kreditinstituts einerseits zu. Andererseits war die Balance zwischen betrieblichem Anreiz und Mitarbeiterbeitrag gestört. Sowohl die Regelung der Bezahlung wie auch soziale Anreize (Perspektiven, Einbeziehen in Entscheidungen) wurden als ungenügend empfunden. Damit war die Mitarbeiter-Identifikation untergraben und die Leistungsmotivation gefährdet.

Spitzenkräfte waren von draußen wegen des Images, das dem der Großbanken nachstand, und der damit korrespondierenden Bezahlung schwer zu bekommen. Perspektiven waren für viele durch hohe Mitarbeiterfluktuation und durch eine nachhinkende Qualitätsanhebung verbaut. Es gab einige nicht sonderlich starke Geschäftsstellenleiter; andererseits klagten viele von ihnen darüber, daß sie zu wenig Kompetenz hätten, während sich der Vorstand häufig noch als Verkäufer sehe.

Der Vorstand zeigte Stolz: „Bei uns kann der Kunde noch mit dem Vorstand reden!" Den Kunden aber war's manchmal peinlich: „Bei denen wird man wegen jeder Kleinigkeit gleich zum Vorstand geschickt." Warum? Dazu die Geschäftsstellenleiter: „Wir schämen uns manchmal, weil unser Kompetenzrahmen so eng ist." Der Vorstand aber mißtraute manchen Geschäftsstellenleitern, denn er beobachtete: „Trotz unserer hervorragenden Schulungsprogramme nutzen manche Geschäftsstellenleiter ihre Kompetenzen nicht."

Und er mißtraute zu Recht, gaben doch einige wenige der Geschäftsstellenleiter zu: „Unsere Gehälter sind so unauskömmlich, daß man eine Beförderung gar nicht ausschlagen kann." Das heißt, die Geschäftsleitung mußte neue Stellen entsprechend dem Wachstum besetzen und sich dabei der Hoffnung hingeben, daß die menschliche Befähigung proportional zur Aufgabe wächst.

Auch die Organisationsstruktur konnte unter diesen Bedingungen nicht der veränderten Größe und Marktbedeutung angepaßt werden. Die Kommunikation lief zunehmend über informelle Kanäle. Und vor allem: Über alle diese Dinge, die man dem Berater vortrug, redete man im Unternehmen allenfalls in den Gruppen, und da noch nicht einmal mit dem Vorgesetzten. Hilflosigkeit und Resignation einerseits spiegelten sich in den Mitarbeiteräußerungen über die Aggressivität der Großbanken, aber auch Ärger darüber, daß es kein klares Konzept gäbe, die eigenen, durchaus vorhandenen Vorteile zu nutzen.

Viele Probleme waren von der Führung eindeutig erkannt worden, konnten aber aufgrund der Bindung an die wachsende Aufgabenflut allein zunächst nicht gelöst werden.

Aus der IST-Analyse ergaben sich als dringlichste Aufgaben die Verbesserung des Führungsverhaltens, der Personalentwicklung und vor allem der internen Kommunikation. Die Führungskräfte erarbeiteten gemeinsam mit Mitarbeitern ein Leitbild und verabschiedeten eine Kompetenzaussage. Das Erscheinungsbild wurde dem veränderten Selbstbewußtsein angepaßt.

Ein Patriarch segnet

Wachstum birgt viele Gefahren. Es werden Orientierungsrahmen notwendig aus mehreren Gründen. In einem kleinen Familienunternehmen braucht man sie zunächst nicht, da sagen Chef und Chefin jedem selbst, wo's „langgeht". Aber viele kleine Unternehmen wachsen, werden unüberschaubar, international ... Der Chef kann nicht mehr hinter jedem einzelnen stehen. Dennoch will er sicher sein, daß jeder sich so verhält, als wär's ein Stück von ihm. Wie stellt er sicher, daß sein Unternehmen weiterhin „von seinem Geist beseelt" ist? Oder überhaupt weiterexistiert, wenn er „das Zeitliche segnet"?

Weitere Beispiele für Kommunikationsdefizite

Auch das gibt es: Eine hohe Identifikation der Mitarbeiter mit dem Unternehmen, aber Leitende haben dann Probleme, die Rangordnung unter sich auszumachen.

In einem mittelständischen Produktionsunternehmen der Orthopädie war der Chef allgegenwärtig gewesen mit seinem Leitspruch: „Wir sind alle da, um dem Kunden zu dienen: Jeder an seinem Platz."

Die Folge war, daß nicht einmal die Leitenden wußten, was der Nachbarbereich eigentlich macht beziehungsweise wie er es macht. Als „der Alte" starb, hinterließ er ein Know-how, das auf Individuen verteilt war, die sämtlich nicht über ihren Tellerrand zu schauen vermochten: „Prioritätensetzung ist unmöglich", und „jeder ist ein King". Das Selbstverständnis, „immer ein offenes Ohr für Kunden" zu haben, litt nicht nur unter relativ wenig Telefonanschlüssen, sondern bald auch unter Zuständigkeitsfragen.

Die IST-Analyse zeigte Zusammenhänge und Schlüsselfelder der Defizite. Kompetenzen wurden neu geregelt und Ziele klar und verbindlich formuliert. Dazu gehörten Kommunikation und Kooperation intern wie extern. Hier untermauerten ebenfalls eine Kompetenzaussage und ein neues Outfit das veränderte Selbstbewußtsein und die neue Gangart des Unternehmens.

Noch ganz normal?

Es gibt Theoretiker der Betriebswirtschaft, die von psychopathischen Unternehmen sprechen. Man kann darüber sicherlich philosophieren, ob ein Unternehmen eine Seele hat oder nicht und folglich ein solcher Begriff gerechtfertigt ist. Tatsache ist, daß es in den Unternehmen oft Menschen gibt, die einen — vorsichtig formuliert — veranlassen, zu Psychopathen Parallelen zu ziehen und die dazu noch das Bild des Unternehmens bestimmen oder jedenfalls stark beeinflussen.

In einem Unternehmen sagte ein Middle-Manager über seine zwei Geschäftsführer: „Der eine ist Psychopath, der andere ein Säufer." Es war so, aber auch er fiel deutlich aus der Norm. Und alle(!) im Middle-Management handelten recht eigenwillig und provokativ gegenüber der Geschäftsleitung, schoben die Verantwortung aber immer der Leitung zu.

In einem anderen mittelständischen Dienstleistungsunternehmen beargwohnten sich die im verwandtschaftlichen Verhältnis zueinander stehenden zwei Chefs in grotesker Weise. Das vom Berater gewünschte und allgemein akzeptierte Vier-Augen-Gespräch war dort nur wenige Minuten möglich: Der andere hielt es einfach nicht aus, er mußte hinzukommen, und er blieb hartnäckig dabei mit dem Argument, es wäre sicher besser für den Fall, daß Dinge zur Sprache kämen, über die er besser Bescheid wüßte.

Mit dem Argwohn war dort auch bei jedem die Überzeugung verbunden, daß nur er sich richtig verhalte, und so war Dissens programmiert. Eigentlich hatten sie ja vom Berater „nur ein besseres Erscheinungsbild, das unserem Selbstverständnis entspricht", gewollt. Auf der Suche nach diesem Selbstverständnis zeigte sich, daß das Unternehmen zwar bei potenten Kunden bekannt war, jedoch kaum in der Öffentlichkeit. Negative Presseberichte kurze Zeit zuvor hatten daher starken Schaden angerichtet. Während die Inhaber ihr Unternehmen für „seriös, stilvoll ... " und für „risikofreudig gegenüber Kunden" hielten, sprachen die Leute draußen davon, daß die zwar „bessere Konditionen" hätten, aber „ohne soziale Rücksichtnahme" agierten. Es war die einzige von draußen zugestandene Gemeinsamkeit. Die Verschiedenartigkeit der zwei Geschäftsführer, die die Mitarbeiter festgestellt hatten, wurde in gewisser

Weise auch von Kunden und Öffentlichkeit bestätigt: „Der eine verhält sich privat überhaupt nicht fein, der andere ist undurchsichtig."

Hier hatte der Firmengründer mehr Konsensfähigkeit unter seinen Diadochen vorausgesetzt, als diese tatsächlich mitbrachten. Ein neues Outfit änderte nichts, auch nicht Workshops mit „Führungskräften", die de facto Sachbearbeiter waren. Der Gang zum Familientherapeuten wäre hier zweckvoller gewesen. Nicht immer also sind Kommunikationsberater die richtige Instanz, an die sich ein Unternehmen wendet. Manchmal sind sie schlicht überfordert.

Unfruchtbare Ehen

Noch kann man davon ausgehen, daß die Bürger einer Nation weitgehend die gleiche Muttersprache haben. Aber die Wirklichkeit kennt Beweise, daß dies allein nicht Garantie für eine gelungene Verständigung ist. Wie soll man sich sonst das folgende Szenario erklären? Statistiken belegen, daß sich innerhalb der Bundesrepublik mindestens zwei Drittel der Unternehmensfusionen als Mißerfolg erweisen. Wieso? Werden sie denn nicht in oftmals jahrelangen Verhandlungen vorbereitet? Und wenn sie vollzogen sind, klügeln dann nicht Vertreter der beteiligten Unternehmen monatelang bis in die Nächte und am Wochenende Strategien für die Zukunft aus? Und der ganze Aufwand bleibt unrentabel? Worüber reden denn all diese Leute, wenn sich hinterher herausstellt, daß die gemeinsamen Papiere doch nicht den gemeinsamen Interessen entsprechen? Oder reden sie aneinander vorbei?

Vielleicht ist man nicht ehrlich zueinander, will einander über den Tisch ziehen. Vielleicht ist man auch intellektuell überfordert. Aber anstatt es einzugestehen, hält man mit, vielleicht auch in der Hoffnung, daß der Verhandlungspartner noch unfähiger ist – eine ausgezeichnete Basis für die Zukunft von Fusionen. Würde man selbst in solch ein Unternehmen investieren? Aber von anderen erwartet man das.

Bei Fusionen gilt es, verschiedene Verhaltensmuster in Einklang zu bringen. Manchmal kommen verschiedene „Gründer-Geister" zusammen, manifestiert in unterschiedlichen Denk- und Verhaltensmustern riesiger Belegschaften, sogenannte „Kulturen". Selbst wenn es das bei Fusionen übliche Mißtrauen der Mitarbeiter gegenüber dem Management der anderen Firma (oft genug auch der eigenen!) nicht gäbe: Die Zusammenarbeit wird erschwert, ja scheitert eben an der Tatsache, daß man nach unterschiedlichen, oft unbewußten Normen und Regeln arbeitet.

Einwandfreie Kommunikation in und zwischen den Unternehmen ist aber eine unbestrittene Voraussetzung für das Gelingen einer Kooperation. Die immer wieder beobachtete Wirklichkeit: Vorsicht dominiert, und Standard-Defizite behindern den Kooperationserfolg.

Die Identifikation mit dem neu entstehenden Unternehmen ist gleich Null, weil keinem gesagt wird, was das Ganze soll. Folglich sind Kooperationsbereitschaft und Informationsweitergabe minimal. Eine Integration in Prozesse wird schwer, weil die einen „mauern", das heißt ihr Wissen nicht weitergeben, und die anderen wegen ihres Unwissens desorientiert sind und es folglich „nicht bringen" – wenn nicht zur Freude, so zur Bestätigung der anderen. Und dementsprechend leiden Schnelligkeit der Entscheidungsfindung, Leistungsniveau und Image des neuen Unternehmens.

Es gibt nicht nur *ein* Wir-Gefühl, sondern mindestens zwei: „Wir und die anderen" mit unternehmenstypischen Gewohnheiten/Überzeugungen und Vorurteilen über das neue Partnerunternehmen und die handelnden Personen. Der Eindruck „alte Seilschaften" verhärtet die Fronten, anstehende Fragen werden noch weniger emotionsfrei diskutiert, als es ohnehin in Normalsituationen der Fall ist.

Dazu kommt mangelnde Lernbereitschaft, das heißt die Bereitschaft, sich das eigene – in Relation zu den neuen Zielen – begrenzte Know-how einzugestehen. Aber das können Mitarbeiter nur, wenn sie wissen, worum es geht, und somit für sich einen Handlungsbedarf erkennen.

Besonders schwierig wird es, wenn Unternehmen verschiedener Nationalität kooperieren wollen. In einem deutschen Unternehmen der Pharma-Industrie sprachen nur wenige die Sprache des ausländischen Partners, und sie sprachen sie mit Ausnahmen nicht so, daß man von einer guten Verständigung ausgehen konnte. Man behalf sich mit Englisch, aber dies war für beide nicht die Sprache, in der man „zu Hause" war. Die Folge war eine Kommunikation über nur wenige Personen, die Informationen weiterleiteten, also gab es kaum direkten Kontakt zwischen den Bereichen, die zu einem Ganzen zusammenwachsen sollten. Ein gänzlich falsches Bild vom Know-how „der anderen" und Unklarheit über Ziel und Zweck der Kooperation führten zu blockierendem Verhalten.

Auffallend war hier besonders der „Kulturunterschied": Ein zwar patriarchalisch geführtes, aber von offener Kommunikation und auf nachweisbaren Erfolgen beruhendem Stolz geprägtes ausländisches Unternehmen auf der einen Seite; erkennbar waren Management-Know-how und aktiver Gestaltungswille. Auf der deutschen Seite gleichsam „eine Stabsabteilung mit angegliedertem Vertrieb": Man kannte alle Aspekte und wußte, was zu tun wäre; was fehlte, waren die gemeinsame Überzeugung und die Entschlossenheit, Verantwortung zu übernehmen.

Dazu kam ein – pointiert formuliert – auf ein Labor reduziertes weiteres deutsches Unternehmen, das fliegen (sprich: schwarze Zahlen schreiben) sollte, aber nicht fliegen konnte, weil ihm die Flügel gestutzt waren.

Mit der schonungslosen Analyse begann die Ehe, fruchtbar zu werden: Herausarbeiten der Einzelkompetenzen, Besinnung auf die sich eröffnenden Chancen, klare Zielformulierung und Prioritätensetzung und die Entwicklung eines gemeinsamen Erscheinungsbildes kennzeichneten die Wende.

Basisferne

In einem kommunalen Versorgungsunternehmen stellte man fest, daß die Reaktion auf Stellenzeigen gleich Null ist, obwohl es mit seiner stattlichen Zahl von Mitarbeitern und Funktionen für die Stadt und die Umgebung von eminenter Bedeutung ist. Die Gespräche in dem Unternehmen zeigten sehr schnell, wo die Hauptursache lag. So wurde das Unternehmens-Selbstverständnis von der Geschäftsleitung formuliert: „Unsere Leistungen sind bestimmt von High-Tech, hohem Know-how und überdurchschnittlich hoher Motivation der Mitarbeiter."

Die Mitarbeiter formulierten die Leistungssituation ganz anders: „Unsere Leistung ist gebremst durch Führungskräfte, starre Regeln und Eingriffe der Stadtpolitiker." Und Kunden antworteten auf die Frage nach der Leistung: „Leistung? Von denen würde ich allenfalls frisch Ausgebildete einstellen: Die anderen haben das Arbeiten verlernt."

Hier wurde ganz deutlich, daß die Geschäftsleitung mit ihrer Meinung von der Meinung der Mitarbeiter und der Kunden weit entfernt war; sie kannte diese Meinungen nicht und konnte folglich für die Leistung keinen angemessenen Maßstab haben. Das äußerte sich auch in folgender Diskrepanz: Nach

Meinung der Chefs war das Unternehmen „bürgerfreundlich und kundennah". Schon die Mitarbeiter schränkten das ein: „Zu uns hier findet keiner, und wenn, dann findet er sich nicht zurecht, und dann dauert für ihn alles viel zu lange wegen der Instanzenwege." Es wunderte nicht mehr, als die Kunden von „undurchschaubaren Zuständigkeiten" sprachen und das Verhalten des Unternehmens insgesamt als „monopolistisch, bürokratisch und arrogant" bezeichneten.

Wie weit weg ein kommunales Unternehmen von der Wirklichkeit sein kann, zeigt folgende Fehleinschätzung einer Geschäftsleitung: „Der hohe Parteiverkehr beweist, daß die Bevölkerung unsere Leistungen kennt: Strom, Gas, Wasser, Bäder und Verkehr." Die Bürger aber konnten auf eine offene Frage kaum die richtigen Leistungen zusammenzählen, zu viele subsumierten unter ihren Stadtwerken „Müllabfuhr, Stadtgärtnerei, Straßenbau ..." So war es auch nicht verwunderlich, daß High-Tech im Image dieses Versorgers keine Rolle spielte. Folglich kam auch kein qualifizierter Mensch auf die Idee, sich dort zu bewerben. Dieses Beispiel zeigt deutlich, wie das Image eines Unternehmens von Vermutungen bestimmt werden kann, wenn man seinen Aufbau nicht gezielt steuert.

Das Wesentliche aber ist hier die Basisferne: kein Feedback, keine Erfolgskontrolle; man sagt sich zwar, daß da etwas in einer Richtung geschehen müsse, man setzt es auch noch „auf die Schiene", kümmert sich aber nicht mehr darum, ob es „ankommt". Und das ist nicht nur im Öffentlichen Dienst so.

Zur Untermauerung noch ein kleines Beispiel aus diesem Bereich. Wer im Zuständigkeitsgebiet dieses Versorgungsunternehmens (und es wird vielerorts nicht anders sein) im Telefonbuch nach der Müllabfuhr sucht, muß zunächst unter Stadtverwaltung nachsehen – o. k., das geht noch; aber dann muß ihm das „Kommunalreferat" einfallen, und dort muß er dann nach dem „Amt für Abfallwirtschaft" suchen. Böswillige könnten vermuten, daß dies ganz bewußt so vornehm verschlüsselt wurde, um die Zahl der Beschwerden niedrig zu halten. Tatsächlich wird es wohl so sein, daß die Begriffswahl der Behörden häufig von politischen Profilierungsabsichten bestimmt ist und auf das Begriffs*verständnis* der Bürger keine Rücksicht nimmt.

Delegation total

Konzernleitungen, „Holdings", laufen Gefahr, abzuheben von dem, was sich im Verhältnis zwischen ihren Gesellschaften und dem Markt tut. So sagte man in einem Konzern: „Über Marktmeinungen (gemeint Verbraucher) berichten uns die Gesellschaften." Der Vorstand einer der Gesellschaften: „Über Endverbraucher haben wir vor zehn Jahren eine Studie machen lassen, und über Händlermeinungen berichten die regionalen Vertriebsleiter." Das klingt durchorganisiert, sagten doch die Regionalleiter: „Unsere Verkäufer haben das Ohr beim Händler." Um so entsetzter ist man dann, wenn die Verkäufer sagen: „Was die Händler wollen, hat mich noch keiner gefragt." Es ist eine häufige Praxis: Marktforschung wird abgelehnt mit dem Hinweis auf die berichterstattenden Verkäufer, in Wirklichkeit erwartet man vom Verkäufer nichts mehr als Umsätze.

Auch in diesem Fall war Basisferne deutlich, und manche Probleme, über die der Vertrieb sich den Kopf zerbrach, wurden erklärbar aus der unzureichenden Kommunikation mit dem Markt: Während die Konzernleitung „das persönliche Verhältnis unserer Leute zu Kunden und Händlern und die von uns gebotene Versorgungssicherheit" als Marktstärke sah, feixten die Händler: „Da hilft es nicht, daß du mit denen per Du bist: In der Krise kannst du die in der Pfeife rauchen, weil sie keine eigenen Lager haben."

Verwechslung von Information mit Kommunikation

Ein regionales Unternehmen der Energieversorgung kam mit der Bitte um ein moderneres Design: „Unsere Fahrzeuge werden mit denen der Straßenmeisterei verwechselt. Wir brauchen ein Design, das unserem Selbstverständnis entspricht."

Auf der Suche nach diesem Selbstverständns erzählte die Geschäftsführung: „Unsere besondere Kompetenz liegt in der Energieberatung." Vor allem langjährige Mitarbeiter formulierten die Kompetenz ganz anders, und es schwang Irritation über die Entwicklung und undeutliche Zukunft mit: „Unsere Kompetenz lag im Bauen von Leitungen, aber jetzt liegt sie nur noch im Regulieren der Mengen, im Kontrollieren und im Schreiben von Rechnungen."

Und die Kunden? „Deren Energieberatung geht an unserer Praxis vorbei. Das können andere besser."

Erst recht wie ein Witz klingen dann die Formulierungen des „Wie" der Beratung. Die Unternehmensleitung: „Zu unseren Kunden haben wir ein gutes partnerschaftliches Verhältnis". Die Mitarbeiter: „Für die Kundenbetreuung sind bei uns zwei Leute zuständig." (Die schrieben regelmäßig lange Traktate.) Und die Kunden: „Die reden mit uns über ihre eigenen Probleme, nicht über unsere." Eindeutig, daß man hier die Informationsabgabe allein schon für Beratung hielt. Daß das Unternehmen überhaupt Kunden hatte, lag nicht an seiner Leistung, sondern an den wettbewerbsrechtlichen Zuständen im deutschen Energie„markt".

Befehl und (kein) Gehorsam

In vielen Unternehmen sichern sich die Chefs ab, indem sie rigorose Regelungen treffen, sobald sie irgendeinen Mißstand bemerken. In einem solchen Unternehmen sagte die Geschäftsleitung auf die Frage nach der Qualität der internen Kommunikation: „Die ist bei uns fest geregelt, da gibt es klare Anweisungen." Der Geschäftsleitung hatte nur noch keiner gesagt, was die Mitarbeiter dem Berater sagten: „Die Anweisungen enthalten viel Unsinniges, da macht es mittlerweile wieder jeder so, wie *er* es für richtig hält." Natürlich hatten auch die Kunden eine Meinung dazu: „Man hat oft den Eindruck, daß die überhaupt nicht miteinander reden" – vor allem wenn zum Beispiel ein Kunde, der für zweistellige Millionensummen Waren oder Leistungen bezog, wegen einer unbezahlten Rechnung über einen verhältnismäßig lächerlichen Betrag sofort eine schriftliche Mahnung erhielt; oder wenn Konditionen verändert wurden, der Außendienst aber nichts davon wußte.

In diesem Unternehmen lag die Erklärung in der Historie. Ein recht autoritärer Vorstand hatte zwei Jahrzehnte nie einen Zweifel daran gelassen, wer das Sagen hatte. Und so zeigte sich das recht seltene Bild, daß keine der juristisch als „Leitende Angestellte" geltenden Personen auf die Idee kam, sich als Führungskraft zu sehen: Wenn die Geschäftsleitung von Führungskräften sprach, meinte sie die Figuren unter ihr, und wenn die von Führungskräften sprachen, redeten sie vom Vorstand. Und dann denkt man als Berater an andere Unternehmen, wo der Vorstand darüber diskutiert, ob er zu den Führungskräften gehört. Nun ja, wenn er nichts zu sagen hat ...

Die indirekte Kommunikation

Ein Berater muß manchmal besondere Sensibilität aufbringen. Denn manchmal muß er Welten zerstören, bevor er den Leuten helfen kann, ihre Idealvorstellung zu realisieren. So sagte zum Beispiel eine Geschäftsleitung: „Wir sind kreativ, sehr kundenorientiert, Trendsetter in Qualität und einer der drei Größten in Europa." Die Kunden waren da ganz anderer Meinung: „Für uns ist er ein Zulieferer unter 20 anderen." – „In der Kreativität laufen sie hinterher." – „Bei ihren Entwicklungen fragen sie uns nicht."

Die Analyse ergab, daß der Informationsaustausch zwischen Unternehmen und Kunden ausschließlich über Dritte erfolgte: über Vertreter mit einem ganz eigenen Bezugsrahmen und einem Interesse, den Markt in besonderem Licht darzustellen.

Instrumente ohne Bedienungsanleitung

Viele Bemühungen, den Führungskräften Führungsinstrumente „an die Hand" zu geben, zeigen deutliche Wirkung – nicht in der besseren Kommunikation, sondern in der Pointe.

Es sagten die Vorstandsmitglieder eines Unternehmens der Mineralölbranche fast unisono: „Wir haben die modernsten Kommunikationsinstrumente eingeführt, aber sie werden nicht angenommen." Und die Kunden assistierten ihnen: „Da arbeiten viele gegeneinander", oder: „Ich verstehe das nicht: Da laufen viele trotz guten Geldes rum, als hätten sie die Sorgen der Welt allein zu tragen." Mißmut und fehlendes Engagement attestierten die Chefs den Mitarbeitern in der Verwaltung.

Die Analyse zeigte dann so kabarettreife Sprüche wie den eines Hauptabteilungsleiters: „Ich habe immer eine offene Tür, aber es kommt keiner." Und seine Mitarbeiter: „Bei dem ist die Tür offen, damit man sieht, daß er nicht da ist."

Die Führenden hatten nicht verstanden, daß sie selbst gefordert waren; das bewiesen Aussagen wie diese: „Bei der monatlichen Konferenz ist zwar der Vorstand dabei, aber wenn die Diskussion beginnt, geht er aus Termingründen weg." Und ein anderer: „Wir sollen im Beisein des Vorstands offen reden, aber wenn man es macht, kriegt man hinterher eins von seinem Vorgesetzten drauf."

Den Umgang mit „Instrumenten" muß man lernen. Es reicht nicht, gleichsam im Ausverkauf das Mitarbeitergespräch zu erstehen oder eine monatliche Abteilungsrunde mit Vorstand. Wenn beim Mitarbeitergespräch nur der Vorgesetzte redet und der Vorstand chinesisch spricht, tragen beide nichts zur Verbesserung der Kommunikation bei.

Zielunklarheit

Wer Pfadfinderübungen mitgemacht oder „gedient" hat, kennt den Alptraum: mangelnder Kontakt zum Nächsten, und dann nicht einmal wissen, wo man hin soll. Kunden spüren bei Unternehmen eine solche Desorientierung und reagieren „zurückhaltend". Dann spürt es die Geschäftsleitung und kommt zum Berater mit dem Auftrag, „etwas mehr für die bessere Darstellung der Leistungen" zu tun. Also wieder die übliche Vorgehensweise: Was leistet denn das Unternehmen?

Dieses und jenes – o. k., das tun andere auch. „Ja, aber wir sind dabei besonders flexibel", meinte die Geschäftsleitung. „Das ist chaotisch," sagten die Mitarbeiter, „da ändern sich ständig die Zuständigkeiten." Und die Kunden hatten dies natürlich längst bemerkt: „Weil dort die Ansprechpartner dauernd wechseln, versucht jeder, die Probleme auf den anderen abzuwälzen."

Es war bestürzend, wie nah am Abgrund das Unternehmen stand, ohne es zu wissen. Die Geschäftsleitung: „Wir dürfen stolz darauf sein, daß die Kunden uns ihr Vertrauen schenken, es gibt nur wenig Kündigungen." Und in seltener Einmütigkeit formulierte der Betriebsrat: „Die Kundenzufriedenheit ist nahezu 100 Prozent." Kalt zeigten sich die Kunden: „Wir wollen so schnell wie möglich von denen weg." „Sachzwänge" verlangsamten diesen Prozeß der Trennung.

Es ist immer wieder überraschend, wie wenig manche Geschäftspartner voneinander wissen. Obwohl es vielfach häufige, gar regelmäßige Zusammenkünfte gibt, kennt jeder nur seine Probleme. Und nur darüber spricht er offensichtlich auch. Selbst Berater machen oft den Fehler, zu wenig zuzuhören, sondern sich als Alleinunterhalter zu sehen.

Ein Unternehmen soll die Bedürfnisse des Marktes befriedigen. Wenn es sie nicht kennt, wird es seine Ziele nicht erreichen können oder die Ziele ständig wechseln wie dieses Unternehmen, dessen Leitung noch stolz darauf war, „Nägel mit Köpfen zu machen", indem sie mit den schnell wechselnden Zielen gleich die ganze Organisation umkrempelte.

Zwischen Flexibilität und Starre

Flexibilität und Starre sind für Unternehmensleitungen so gefährlich wie Skylla und Charybdis, aber so unbeobachtet wie ein Haltungsfehler: Wenn's weh tut, ist es schon ein Schaden.

Überzeugungen entwickeln sich mit der Zeit zu Dogmen: „Das machen wir seit 100 Jahren so, das kann nicht falsch sein." Die Folge ist eingeschränkte Anpassungsfähigkeit, ist ein Abfallen gegenüber der Konkurrenz.

Ebenso gefährlich ist „Flexibilität". Zugegeben, vieles erscheint heute schwerer angesichts eines Wertewandels von der gemeinschaftsorientierten und gefügigen, zu einer stark am individuellen Nutzen orientierten und maulenden (nicht unbedingt mitgestaltenden) Gesellschaft. Die Frage nach dem „Sinn" der Tätigkeit wird gestellt; die Vielzahl der Sinn-Bewertungen deckt sich dabei mit der Vielfalt der Individuen. Und bei allem fordert der Markt Schnelligkeit. Das mündet dann in diese Art Flexibilität, die man auch Chaos nennen kann. Wenn es für Entscheidungen vor allem kurz- und mittelfristiger Art keinen Grundkonsens gibt, wird zickzack gesteuert, und der schnellen Entscheidung folgt nicht Effizienz, sondern Beklemmung.

Wenn Unternehmen vielfach die Beobachtung machen, daß nicht nur Mitarbeiter „schwer zu motivieren" sind, sondern mehr und mehr auch Führungskräfte, von denen man gemeinhin erwartet, daß sie ihre Mitarbeiter motivieren, dann liegen die Gründe oft ebenfalls in Flexibilität und Unsicherheit: „Hier ändert sich viel zu schnell die Strategie", heißt es etwa, oder „Der Vorstand ist zu unpräzise; was ihm vorschwebt, kann ich nur ahnen". Und häufig kommt „mit jedem neuen Geschäftsführer eine schwerpunktmäßige Neuausrichtung des Unternehmens".

In vielen Unternehmen fällt ohnehin die notwendige Langfristorientierung der operativen Hektik zum Opfer: „Das Aktuelle verdrängt das Langfristige" – manche tragen das stolz wie ein Banner vor sich her. Sie sehen nicht die Folgen. Der Überblick geht dem einzelnen verloren, das Gefühl macht sich breit, von anderen bestimmt zu werden, die aber auch nicht mehr Überblick und Sachkenntnis haben können. Angst tritt an die Stelle von Zuversicht, und wenn dann noch akute Rückschläge ausgemacht werden, wächst die Angst und gebiert bekannte Reaktionen: Loyalität weicht dem offenen Kampf „jeder gegen jeden", Entscheidungen werden nicht realisiert, sondern abwartend boykottiert, viele individuelle oder Abteilungsziele treten an die Stelle eines gemeinsamen Ziels – die roten Zahlen lauern schon.

Alles, was Unternehmen oft gegen die Angst tun: Sie richten eine „Sozialstelle" ein, die „Gesundheitsvorsorge" betreibt, in Wahrheit Drogenabhängige berät – weil man die Angst nicht als Angst ausmacht und Angst nicht auf Mensch und Gemeinschaft zerstörende Kommunikationsverhältnisse zurückführt.

Was machen wir denn schon Besonderes?

Mangelnde Leistungsmotivation liegt oft darin begründet, daß Mitarbeiter auf ihre Produkte nicht stolz sein können und daß ihr Unternehmen nicht bekannt ist. Sehr plausibel ist der mangelnde Produktstolz bei Normprodukten, zum Beispiel im Mineralölbereich: „Die dürfen sich gar nicht unterscheiden." Auch zur Profilierung des Unternehmens muß dann ein anderer Weg gesucht werden.

In manchen Branchen gibt es immer noch bei vielen Marktstrategen die antiquierte Ansicht, man müsse nur seine Produkte fehlerlos auf den Markt bringen, dann werde sich das schon von allein positiv auf das Image des Unternehmens auswirken. Die sind vielleicht nur noch nicht mit ehrlichen Menschen zusammengekommen, die ihnen sagen, was sie denken, etwa: „Die machen alles, da sind sie genauso wie ..." – und dann wird die Konkurrenz genannt.

Zu den Produkt- und Werbestrategien sind grundsätzliche Anmerkungen zu machen. Erstens ist zu beobachten, daß umfangreiche Werbekampagnen schnell wechseln je nach Produkt und Saison und so Synergien nicht nur verspielt, sondern Kosten maximiert werden. Ein dabei häufig völlig unbeachteter Effekt ist, daß eine Unternehmenskompetenz – wenn das Unternehmen im Hintergrund überhaupt bekannt ist – nicht einmal aus seinen Produkten ableitbar wäre, weil den Produkten keine Zeit gegeben wird, ihrerseits ein Profil zu gewinnen. Oft wird dann noch durch das Produktmanagement und die Konkurrenz der Produkte innerhalb eines Hauses das Unternehmen als Einheit verstellt.

Zweitens sehen wir bei den Produkten von Jahr zu Jahr deutlicher, daß sie insgesamt immer austauschbarer werden – schwindende Produktunterschiede ebnen auch Unternehmensprofile ein: ein Radieschen wie das andere. Wenn jedes Unternehmen nahezu das gleiche Produkt liefert, hilft es nichts, das Produkt in den Mittelpunkt zu stellen, um das Unternehmen unverwechselbar zu machen.

Lohnt es sich denn (noch)?

Was heißt denn Motiv? Die Theoretiker mögen einmal verzeihen, wenn hier auf Wesentliches reduziert wird: Motiv ist zunächst ein „Gegenstand", auf den sich eine Aktivität richtet – und dazu fällt uns noch etwas anderes ein: „Ziel" sagt man auch dafür. Und was heißt dann „motivieren"? Schlicht: „die Aktivitäten auf ein Ziel richten."

Appelle an Engagement, Innovationsorientierung, Kundenorientierung ... erzielen in den meisten Unternehmen ein müdes Lächeln oder allenfalls eine schnell vorübergehende Aufbruchstimmung. Ursache ist nicht das Fehlen einer entsprechend darauf gerichteten „Mentalität" oder mangelndes Wir-Gefühl, auch nicht häufig aufeinanderfolgende Kurskorrekturen. Das sind nur Symptome, und als solche sind sie zu hinterfragen: Wieso kommt es dazu? Als eigentliche Ursache ist in der Regel das Fehlen einer Vision, einer Langfristzielsetzung auszumachen – *oder* ihre mangelhafte Kommunikation.

Was hilft es, wenn die Geschäftsführung eine Vision hat, die aber keiner kennt? Was hilft es, wenn eine Vision der Belegschaft gegenüber „mitgeteilt" wird, sie aber nicht verstanden wird? Was hilft es, wenn die Vision verstanden wird, aber das Verhalten der Vor-Gesetzten, die ja die täglich vor den Mitarbeitern paradierenden Vor-Bilder sind, mit dem Sinn der Vision nicht deckungsgleich ist? Und wenn dann noch kritischen Mitarbeitern geantwortet wird, es sei eben ein Unterschied zwischen Vision und Alltag? Ohne Vision und ihre glaubhafte Kommunikation gibt es keine Motivation.

Mangelhafte Vorsorge

Ein Verdacht, der an die Öffentlichkeit dringt, kann sich oft innerhalb weniger Tage zur Vorverurteilung einer bis dato unbescholtenen, weil auch in der Öffentlichkeit weitgehend unbekannten Firma entwickeln. Diese schmerzliche Erfahrung mußten schon viele Unternehmen machen. Während hinter den Kulissen die Vorwürfe Zug um Zug in sich zusammenfallen, wird gleichzeitig in einigen Medien aus diesen Verdächtigungen, geschürt durch Eigen- und Partei-Interesse, ein Bild der Firma aufgebaut, das zu einer nachhaltigenden Schädigung führt.

Eine große Baufirma geriet in die Schlagzeilen und suchte Rat, da sehr schnell auch die Bereitschaft anderer, mit ihr Arbeitsgemeinschaften einzugehen, litt. „Wir haben uns immer aus der Öffentlichkeit rausgehalten, und nun das!"

Hier zeigte sich, daß eine leere Tafel schneller zu beschreiben ist als eine beschriebene. Und wer nicht selbst seine Imagetafel gestaltet, dem wird sie sehr leicht verschmiert – schnell und nachhaltig.

So sehr es zu begrüßen ist, daß Journalisten das Wirtschaftsgeschen einschließlich seiner tatsächlichen „Skandale" transparent machen, so sehr muß man sich aber dagegen wehren, wenn in einigen Medien durch Abweichen von journalistischen Grundregeln ein Verdacht erst zu einem Skandal gemacht wird, indem ...

- Vermutungen als Tatsachen formuliert werden (Vorverurteilung),
- die Meinung des Verdächtigten nicht gehört oder auch – unbewußt oder auch um einer Pointe willen – im falschen Zusammenhang zitiert wird (Parteinahme),
- mit Zahlen und Begriffen leichtfertig umgegangen wird (Oberflächlichkeit),
- die objektive Berichterstattung aufgrund mangelnder Sachkenntnis durch fantasievolle Verknüpfungen ersetzt wird (Spekulation),
- Informationen, die das einmal aufgebaute Bild stören könnten, einfach ignoriert werden (Meinungsmanipulation),

ganz zu schweigen davon, daß oft ein enorm einfach strukturierter Geist immer Kurzschlüsse produziert, etwa zwischen einem Knopfhersteller und der Rüstungsindustrie: Weil Soldaten nun mal nicht nackt kämpfen, brauchen sie Uniformen, und Uniformen haben Knöpfe.

Das Vertrauen allein darauf, daß die Gerechtigkeit sich schon durchsetzen werde, kann die Rufschädigung nicht aufhalten. Die vornehme Zurückhaltung einer angegriffenen Firma kann die Eskalation nicht verhindern. Auch das im Geschäftsleben übliche Bestreben nach außergerichtlicher Einigung kann als „Beweis" für die Richtigkeit der Behauptungen hingestellt werden. Wenn es schließlich doch zu einem außergerichtlichen Vergleich kommt, wird selbst dieses positive Rechtsmittel in einigen Medien zu einem schmutzigen Werkzeug.

Es ist besser, Vorsorge zu treffen durch den Aufbau und die Pflege eines positiven Firmenbildes in der Öffentlichkeit. Dann werden negative Meldungen mit der Tatsache konfrontiert, daß der Raum, den sie besetzen wollen, bereits besetzt ist.

Vornehm oder nicht clever?

Ein gewerblicher Kunde einer Bank wurde zahlungsunfähig. In der Ereigniskette von Beteiligungsformen, Sanierung und einem vom ehemaligen Eigner angestrengten Prozeß gerieten die Banker in den Ruf, Halsabschneider zu sein, die Firmen „absichtlich so weit trieben". Veröffentlichte Meinungen der Gegner blieben unwidersprochen, unter Freunden aber verteidigte man sich: „Wir sind ja nicht nur einem einzigen Kunden gegenüber verantwortlich, sondern Tausenden!" Als schließlich nach langer Zeit der Prozeß für die Bank positiv ausging, interessierten sich die Medien nicht mehr dafür. Warum hatte man diesen einen Satz von der Verantwortung nicht deutlich herausgestellt und so den Angriff der Gegner als Chance zur eigenen Profilierung genutzt?

Mit oder ohne Dolmetscher?

Praxis ist immer noch in vielen Unternehmen, daß Produktbeschreibungen, Handbücher und vieles mehr von Technikern geschrieben werden, Geschäftsberichte vom Buchhalter usw. Auf den Vorschlag, die Kundenzeitung eines kommunalen Stromversorgers, die auf geringe Resonanz stieß, von Journalisten redigieren zu lassen, entgegnete einer der dort viel-schreibenden Techniker: „Warum? Die Sprache der Technik ist die klarste der Welt!"

Andererseits ist der Einsatz von unabhängigen Pressebüros beziehungsweise Journalisten mit großer Vorsicht anzugehen. Für Journalisten hat oft die Sensation Priorität bei der Aufbereitung eines Themas und nicht die Imagepflege. So stand vor einigen Jahren in einer Stadtwerke-Zeitung nach einem Brand im Heizkraftwerk sinngemäß die klotzige Überschrift: „Riesige Rauchwolke ängstigt Anwohner". Ein auf Imagepflege bedachter Journalist hätte – *ohne* zu „manipulieren" – einen im Bericht weiter unten enthaltenen Gedanken als Überschrift gewählt und vielleicht so getitelt: „Kraftwerksbrand in nur zwei Stunden gelöscht."

An solchen Beispielen läßt sich zeigen, wie wichtig das ist, was man Identifikation nennt: Identifikation der Mitarbeiter mit ihrem Unternehmen führt dazu, daß sie zum Beispiel in der Darstellung einer Situation die gleiche Sorgfalt aufwenden, als ginge es um sie selbst. Und kein normaler Mensch protzt damit, daß er andere in Angst und Schrecken versetzt habe, sondern daß es ihm gelang, eine Gefahr zu bannen.

Zurückhaltung üben oder verwechselt und übersehen werden?

Oft können Defizite im Erscheinungsbild, die auf manche nur lächerlich wirken, das Image negativ färben und den Erfolg behindern. So etwa, wenn zwei Unternehmen gleichen Gründer-Namens in gleicher Branche, noch dazu regional in unmittelbarer Nachbarschaft, sich nur durch den Ortsnamen als Zusatz in der Firmenbezeichnung unterscheiden: Die unmittelbare Nachbarschaft wußte, daß das eine Unternehmen verantwortlich denkend, vor allem auch sehr umweltbewußt, in seine Anlagen investierte, während das andere ständig negative Schlagzeilen machte. Überregional aber galten beide als skandalös, weil der trennende Ortsname in der Firmenbezeichnung nachrangig war; noch deutlicher gesagt: Es gab für die Öffentlichkeit nur *ein* Unternehmen. Und als der tatsächlich bessere dieser Image-Zwillinge einen Umweltpreis erhielt, hatte diese Nachricht in der Öffentlichkeit nur den Kommentar zur Folge: „Na, es wurde ja auch Zeit."

Weitere Beispiele für Kommunikationsdefizite

Ein anderes Mittelstandsunternehmen, dessen Marketing für orthopädische Produkte stark auf die Schulung der Mitarbeiter beim Handel setzte, hatte „irgendwie den Eindruck", daß „die Leute gar nicht interessiert" wären: Sie kamen zu spät zu den in der Firma angesetzten Schulungen, einige kamen gar nicht. Eine Erfahrung des Beraters beim ersten Besuch der Firma erwies sich plötzlich als Schlüssel, als Händler im Gespräch erzählten, daß sie auf der Suche nach der Firma schließlich vor dem Tor der am gleichen Ort vorzufindenden Strafanstalt („gleich am Ortseingang, nicht zu verfehlen") gelandet wären: Kein Logo, keine Fahne oder dergleichen verwies auf die flache, ebenfalls hinter einer Mauer verborgene Produktionsstätte; erst wenn man in den Hof fuhr (der Berater aus Not, weil er nicht auf der vielbefahrenen Straße wenden wollte), war neben der Eingangstür ein Firmenschild zu sehen.

Unscheinbarkeit fördert die Geschäfte nicht. Man darf gespannt sein, wie sich die zwar überall präsenten, aber sehr gewöhnungsbedürftigen Telefonhäuschen auf das „telekomische" Geschäft auswirken werden: Beim Militär jedenfalls würde diese Farb- und Designwahl im Fachbereich „Tarnen und Täuschen" die Note eins erhalten.

Ein Mangel kommt selten allein

Nun dienen Recherchen in Unternehmen ja nicht der Unterhaltung. Immerhin stehen oft nicht nur Milliarden auf dem Spiel, sondern auch Menschenschicksale. Im folgenden soll anhand zweier Beispiele gezeigt werden, wie vertrackt sich Defizite unterstützen.

Papst und Gegenpapst

Im Unternehmen einer Problembranche (= Zielscheibe von Eiferern) erlebten Geschäftsleitung wie Mitarbeiter ein mangelndes Wir-Gefühl. Es war weniger bedeutsam, daß die Belegschaften noch ihren alten, angestaubten Werksnamen verwendeten anstatt des gemeinsamen Firmennamens. Auffallender war eine ausgesprochene Konfrontation zwischen Geschäftsleitung und Betriebsrat. Die Geschäftsleitung führte mangelndes Wir-Gefühl, Ressort-Egoismus und Mißmut auf das Verhalten des Betriebsrats zurück. Der Betriebsrat gab zu, auf Formalien zu bestehen, er hatte einschlägige Erfahrungen mit der Geschäftsleitung gemacht.

Die Analyse ergab drei Ursachen für das mangelnde Engagement und die fehlende Identifikation mit dem Gesamtunternehmen:

- das in der Öffentlichkeit negative Produktimage („Wenn ich sage, was ich mache, muß ich mich immer verteidigen" – eine Aussage, die man immer häufiger auch von Bankangestellten zu hören bekommt),

- die historisch bedingte Trennung vom Vertrieb und ein dadurch eingeschränktes Blickfeld („Wir haben keine Marktprobleme") und

- eine im Kommunikationsverhalten recht ungeschickte Geschäftsführung.

Eine wesentliche Folge des negativen Produktimages lag in der Abstinenz von öffentlichen Auftritten beziehungsweise in einer mehr reaktiven Öffentlichkeitsarbeit; lediglich in Richtung Ministerien und Verbände war Aktivität zu erkennen. Die Folge hiervon war Unbekanntheit der Firma und fehlendes Futter für Mitarbeiterstolz und Engagement.

Eine Folge des eingeschränkten Blickfeldes war die Interesselosigkeit am Marktgeschehen, das heißt, das Produktschicksal wurde nur bis zum Fabriktor beobachtet. Die Folgen: keine Gelegenheit, auf Markterfolge stolz zu sein, und keine Basis für leicht vermittelbare Ziele.

Eine Folge der eingeschränkten Kommunikations- und damit auch der Führungsfähigkeit stellte der ausufernde Formalismus dar: Jede Tätigkeit folgte Anweisungen; die Vorbereitung von Besprechungen zum Beispiel war in 22 Punkten geregelt. Der Formalismus führte zum Schubladendenken (mangelndes Wir-Gefühl!) und reizte auch den Betriebsrat, die Geschäftsleitung vorzuführen. Was die Belegschaft erlebte, war zeitweilig Kasperltheater, nicht geeignet, zu besonderer Leistung anzuspornen.

Ein Wort zur Rolle der Betriebs- beziehungsweise Personalräte. Es gibt welche, die sich mit ihrem Unternehmen identifizieren und die Gewerkschaft als eine der Ideenquellen für Verbesserungen im Unternehmen ansehen. Es gibt andere, die sich mit der Gewerkschaft identifizieren und das Unternehmen als Übungsplatz für eine Gewerkschaftskarriere, die Mitarbeiter als zu pflegende Garanten ihrer Wahl in Gewerkschaftsfunktionen betrachten („Stimmvieh"): Sie lösen enorme Unruhe aus und machen ein Wir-Gefühl im Unternehmen unmöglich. Dazwischen ist die Mehrheit der Betriebsräte: hin- und hergerissen zwischen zwei Herren, „flexibel" im Geist und weitgehend unberechenbar, nicht minder gefährlich für eine auf Identität gerichtete Unternehmenspolitik.

Die Teufelsspirale

Als Berater stößt man oft auf eine Situation, wo der Grad der Selbständigkeit des Managements eines Unternehmens es zwar zuließ, eine Studie zur Verbesserung der Unternehmenssituation in Auftrag zu geben, es aber andererseits verhindert, daß die Erkenntnisse in ein wirkungsvolles Konzept münden. Das ist zum Beispiel dann der Fall, wenn das Unternehmen Eigner hat, deren Interessen so zahlreich sind wie die Leute, die sie vertreten. Solche Unternehmen sind zu bedauern, und die Manager solcher Unternehmen sind zu bedauern – egal, was immer man über die Qualifikation von Managern lästern mag. Ihr einziger Fehler ist oft, daß sie glauben, die Kurzsichtigkeit der Eigner würde durch die Zeit geheilt.

Was da so ablaufen kann, soll Abbildung 3 auf der nächsten Seite deutlich machen.

Die Vielzahl der Symptome

Die Beispielreihe ließe sich beliebig fortsetzen. Es gibt immer und überall Äußerungen, die stutzig machen sollten. Natürlich gibt es auch ewige Nörgler, aber wenn sie nicht gebremst werden, färben sie ebenfalls ein Unternehmensklima; denn sie nörgeln nicht nur gegenüber dem externen Berater. Sicher ist, daß Kommunikationsdefizite zu Orientierungsproblemen führen und diese wiederum zu Fehlern im operativen Handeln.

Die Abbildungen 4.1 und 4.2 enthalten eine keineswegs vollständige Liste von Anzeichen für Störungen der Kommunikation. (Wenn der Gedanke nicht sofort einleuchtet, sollte man sich zwei Fragen stellen: Welche Auswirkungen hat das?

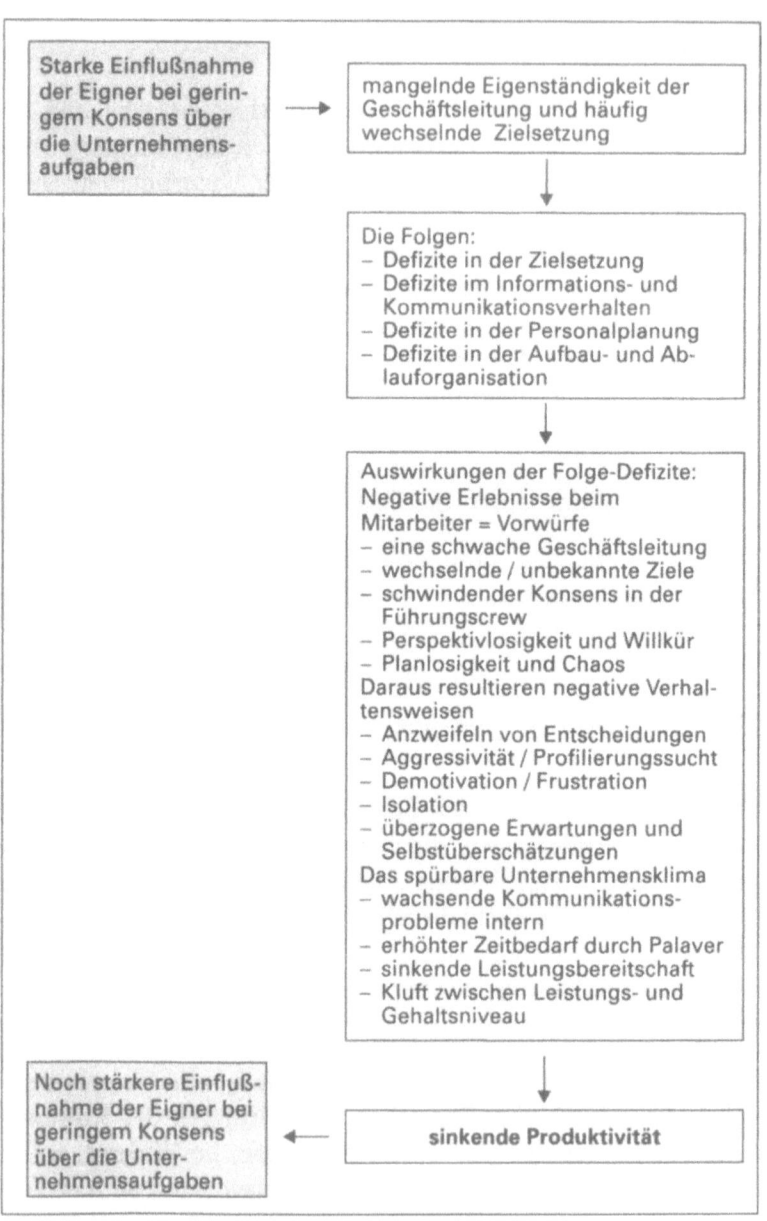

Abbildung 3: Eine fast normale Situation und ihre Folgen

Welche Ursachen könnte das haben?) Abbildung 4.3 enthält einige Fragen an Chefs. Die Fragen sollen nur nachdenklich machen; vielleicht findet der eine oder andere auch einen Ansatz zu einer Neuorientierung.

Worüber Kunden den Kopf schütteln:

- Hoheitlicher Briefstil
- Vorschnelle schriftliche Mahnungen an Großkunden
- Streit vor Kunden
- Den Kunden betreffende Änderungen werden zu spät mitgeteilt
- Keine aktive Information über Unternehmensleistungen
- Technische Produktbeschreibung ohne Hinweis auf Kundennutzen
- Keine strategischen Gespräche mit Topkunden
- Fehler werden auf andere (Kollegen/Abteilungen) geschoben
- Intransparenz der Zuständigkeiten

Auch Hinweise auf ein schlechtes Erscheinungsbild können zu ernsthaften Defiziten hinführen:

- Fehlende Modernität (Design, Fahrzeuge, Formulare ...)
- Unterschiedliche Formulare, Visitenkarten (Durcheinander)
- Mangelhafte (Wege-)Kennzeichnung
- Diskrepanz zwischen Selbstdarstellung und Verhalten

Höchste Zeit ist es, wenn sich Kommunikationsdefizite bereits im Kundenerlebnis von Leistungsmängeln äußern:

- Überschreiten von Terminen
- Mangelnde Ablaufkoordination (Rechnung vor Vertragsabschluß)
- Fehlgeleitete Lieferungen
- Ungleiche Reaktionen verschiedener Personen („ausspielen")
- Für jeden Vorgang ein anderer Ansprechpartner
- Sehr enge Kompetenzen der Verhandlungspartner
- „Unübliche" Konditionen

Abbildung 4.1: Beispiele für von außen als Fehlverhalten erlebte Symptome

Beobachtungen mit Marktbezug, zum Beispiel:

- Beschwerden seitens der Händler, Zulieferer, Verbraucher
- zunehmend auf Einzelfelder konzentrierte Order
- sinkende Order und Kundenzahlen
- Klagen des Außendienstes
- erfolglose Stellenanzeigen
- geringe Resonanz auf Einladung zur Pressekonferenz
- schlechte Presse
- Banken zögern, verweigern sich ...

Interne Beobachtungen mit Klimabezug:

- erkennbarer Mißmut
- kontaktloses Aneinander-vorbei-Schleichen
- auffallende Zurückhaltung gegenüber Vorgesetzten
- Gerüchte
- selbstgewählte Isolation von Gruppen
- geringe Beteiligung an Veranstaltungen
- rüder Umgangston
- hämische Kommentare über Ziele
- Jammern der Vorgesetzten über Mitarbeiter
- Beschwerden der Mitarbeiter über Vorgesetzte
- Dauerclinch der Geschäftsleitung mit dem Betriebsrat
- keine Reaktion auf Stellenausschreibungen

Interne Beobachtungen mit Leistungsbezug:

- fehlendes Engagement
- verzögerte Aufgabenerfüllung, Abwarten
- hohe Fluktuation
- hoher Krankenstand
- geringe Beteiligung am Vorschlagswesen

Abbildung 4.2: Beispiele für intern erkennbare Symptome

Mal ehrlich:
- Kennt mich die Belegschaft?
- Freuen sich die Leute, wenn sie mich sehen, oder schauen sie weg?
- Grüße ich auch mal Mitarbeiter, oder warte ich auf ihren Gruß (meistens vergeblich)?
- Was weiß ich von meinen engsten Mitarbeitern über ihre Familienverhältnisse, Hobbys ...?
- Warum komme ich morgens entweder vor allen anderen oder kurz nach neun?
- Warum meide ich die Kantine?
- Wann habe ich mich zum letzten Mal der Kritik gestellt – wie habe ich auf die Kritik reagiert?
- Weiß ich, was die Mitarbeiter über das Unternehmen denken?
- Was weiß ich über die Qualität der Kommunikation auf den Ebenen „unter mir"?
- Wie sicher bin ich, daß Informationen, die ich gebe, auch dorthin gelangen, wo sie gebraucht werden?
- Wie sicher bin ich, daß für mich bestimmte Informationen von Bedeutung auch wirklich zu mir gelangen?
- Was außer Geld und Trägheit bindet die Mitarbeiter an das Unternehmen?
- Weiß ich, welche Stimmung im Unternehmen herrscht – in den Bereichen/Abteilungen, beim Management, bei Mitarbeitern?
- Wie hoch ist die Mitarbeiterfluktuation, und halte ich sie für normal?
- Habe ich selbst Zuversicht, kann ich sie vermitteln, wird sie von anderen Führungskräften geteilt und den Mitarbeitern weitergegeben – warum gegebenenfalls nicht?
- Weiß ich, wie Kunden und Lieferanten über mein Unternehmen denken?
- Welchen Eindruck haben Anrufer (von der Vermittlung, von der Kundenorientierung ...)?
- Gibt es eine bekannte und akzeptierte Langfristzielsetzung, oder wird sie immer wieder aufs neue „eingeklagt"?
- Woran eigentlich wird gemessen, was für das Unternehmen gut ist?
- etc.

Abbildung 4.3: Selbsttest für Führungskräfte.

Die Bilanzierung der Kommunikation

Insgesamt setzen heute Unternehmen für ihre Kommunikationsarbeit immer mehr Kapital ein und die Kommunikationsleistung nimmt zu; wie sieht der Erfolg aus?

Es ist verwunderlich, daß so wenig nach der Rentabilität der Kommunikation gefragt wird. Zur Kommunikation gehören sowohl Türschild, Rechnung, Briefstil wie das Telefon, nicht nur die bewußt gestaltete Anzeige, die Pressemeldung und die EDV. Kommunikation ist Tätigkeit, sie ist Leistung, Produkt, das heißt, es entstehen Kosten.

Eine Folge davon, daß Kommunikation zu wenig unter dem Aspekt der Rentabilität gesehen wird, ist die Konzentration auf die Mitteilung, nicht auf die Resonanz. Und hier wiederum die Folge: Es gibt immer einen Aufwand, aber bei weitem nicht immer die erwünschte Wirkung.

Hinzu kommt die oft skurrile Reaktion, wenn die gewünschte Wirkung nicht eintritt: Anstatt etwas zu erklären, wiederholt man es; anstatt nach verständlicheren Worten zu suchen, wird man lauter – oder eben einfach anders: by trial and error, und de facto statt wirksamer nur teurer.

Dieser Gedankengang erzwingt geradezu das Interesse an einer „Bilanzierung" der Kommunikation. Nun kann man den Begriff Bilanz hier nicht im strengen Sinn verwenden, nur in seiner zweiten Bedeutung von „Ergebnis". Das heißt letztlich: Man kann eine Gegenüberstellung ähnlich der Gewinn- und Verlustrechnung machen, allerdings mit dem gleichen Problem wie bei einer Bilanz, daß man manche Posten nicht „abgrenzen" kann: Hier bleibt alles qualitative Überlegung und Anregung.

Nutzlos ist das nicht, kann doch diese Besinnung zu einer bewußteren „Gestaltung" der gesamten Kommunikation führen und sicher auch zu Einsparungen. Wichtig aber ist, daß man alle Kommunikation hinterfragt und dabei nicht nur die direkt zurechenbaren Kosten berücksichtigt (etwa Druckvorlagen für Anzeigen und Schaltkosten), sondern sich auch Gedanken macht über so etwas wie „Rüstkosten" für die diversen Tätigkeiten.

Auch Selbstverständlichkeiten sollten durchleuchtet werden. Das Telefon zum Beispiel ist „selbstverständlich", aber ist es auch die Art, wie man mit ihm umgeht? Da ist zum Beispiel Herr Müller (die Müllers mögen es verzeihen: Es gibt nun mal so viele, daß man keinen bestimmten gemeint haben kann). Er telefoniert jetzt schon – engagiert wie er nun mal ist – zum fünften Male mit der Druckerei, ob denn nicht die Broschüre um einige hundert Mark billiger zu haben ist. Es sind Ferngespräche (Druckereien in der Provinz sind oft billiger). Und weil an jedem Ende der Leitung einer ist, der jedes Mal mit der ganzen Überzeugungskraft all seiner unkoordinierten Einfälle den anderen abwehrt oder bedrängt, dauert ein Gespräch etwa eine Stunde. Allein die Telefonkosten liegen damit höher als der angestrebte Preisnachlaß, die ausgefallene produktive Zeit mal gar nicht mitgerechnet (denn Müller ist ja Führungskraft).

Auch ein Rechnungsformular ist selbstverständlich; man gewöhnt sich so an solche Standards, daß man gar nicht merkt, wenn sie mittlerweile nicht mehr der Unternehmenswirklichkeit entsprechen (Postleitzahl, Telefonnummer ...). Und hat schon mal jemand gefragt, wie die neue Melodie in der Telefonleitung *ankommt*? Musik ist Geschmacksache, und Warten ist Zeit, Zeit ist bekanntlich Geld – aber nicht nur für die Telekom.

Die Kommunikationsleistungen von Pförtner, Buchhaltung, Vertriebs-Innendienst usw. werden gern übersehen. So kann es passieren, daß nicht nur jeder Mitarbeiter ein anderes Bild des

Unternehmens nach draußen trägt, was gar nicht so selten der Fall ist (siehe vorn die Beispiele), sondern daß sich auch niemand betroffen fühlt, wenn von Kommunikation die Rede ist. Kommunikation ist aber jedermanns Sache im Unternehmen. Und da das so ist, ist die Geschäftsführung dafür verantwortlich.

In Abbildung 5 auf Seite 66 sind Aufwand und Ergebnis gegenübergestellt. Es ist ein Versuch, Struktur in die kommunikativen Tätigkeiten eines Unternehmens zu bringen. Man kann sicher in manchem Unternehmen den einen oder anderen Faktor „hart" machen. Wichtig aber wird zunächst einmal sein, die Grundüberlegungen zu akzeptieren, um bei der Pflege von Unternehmenskommunikation das Prinzip Wirtschaftlichkeit im Auge zu behalten: Es gibt einen Kapitaleinsatz, sowohl in Fixkosten (zum Beispiel für Telefone, EDV, Manpower in den ensprechenden Funktionen ...) wie in variablen Kosten, die im wesentlichen durch die Kommunikationsleistung bestimmt werden (zum Beispiel Anzeigen, Papier, Porto, Messestand, Schulungen, Kundengespräche, Mitarbeitergespräche ...).

Und was hat das Unternehmen davon auf der Ergebnisseite als Kommunikationswirkung? Eine sehr positive Verkaufsentwicklung, null Beschwerden, ein Image wie gewünscht, Hunderte von Bewerbern auf Stellenanzeigen, keiner fehlt wegen Krankheit, keiner kündigt ...

Ist es nicht so? Es ist *nicht* so.

Den Erfolg einzelner Kommunikationsmaßnahmen in Heller und Pfennig zu messen, das ist bis dato unmöglich. Schon bei Werbe- und Verkaufsförderungsmaßnahmen gibt es das Problem, daß ein Plus an Absatz, Umsatz oder auch nur Bekanntheit nach einer Aktion oft nicht allein auf die Aktion zurückzuführen ist. Manchmal haben externe, das heißt vom Unternehmen nicht beeinflußte Entwicklungen zum Erfolg beigetragen (politische Entscheidungen, Schwächen der Konkurrenz). Ebenso müssen Mißerfolge nicht auf geringe Qualität eingeleiteter Maßnahmen zurückzuführen sein.

Noch schwieriger ist es bei Pesonalmaßnahmen zur Anhebung des Kommunikationsniveaus. Zwar kann man den finanziellen Aufwand für die Durchführung von Seminaren, vielleicht sogar inklusive der ausfallenden produktiven Zeit, festhalten. Aber wie ist es mit dem Erfolg? Muß er sich sofort einstellen, oder ist das erst mittel- oder langfristig spürbar? So zum Beispiel wartet man in einer Bank oft vergeblich auf Zunahme von Beratungsgesprächen und Abschlüssen, weil es die Struktur einer Geschäftsstelle einfach nicht zuläßt, daß der Mitarbeiter mit der Kenntnis der neuesten Theorien an den Kunden rankommt – und wenn, dann muß er ihn so beraten, wie es sein Vorgesetzter verantworten kann, das heißt nach dessen Vorstellungen.

Und letztlich sind nicht nur Aufwendungen für kommunikative Maßnahmen in Ansatz zu bringen, sondern auch Aufwendungen für „Nachbesserungen": Bearbeitung von Beschwerden, Kosten für Krankheit und betriebliche Fluktuation, Kosten für aktuell notwendige Maßnahmen zur Imagekorrektur und dergleichen.

Damit wird deutlich: Man kann den Anteil der Kommunikation am Unternehmenserfolg nicht herausrechnen. Unternehmenserfolg beruht auf der Kombination der Produktionsfaktoren, die aber bei schlechter Kommunikation nur schlecht gelingen kann.

Kapitaleinsatz		Ergebnis
Fixkosten – Telefone, EDV ... – Architektur und Kennzeichnung (Logo, Flaggen ...) – Fuhrpark, Uniformen – Manpower (feste Funktionen für Werbung, VKF, Presse, Mitarbeiterzeitung, Aus- und Fortbildung ...)	**Variable Kosten** – sämtliche Materialien wie Papier, Messestand ... – anteilige Energie und Reinigung **extern:** was der Informationsabgabe und dem Feed back dient: – Image-, Produkt-, Stellenanzeigen – Kundengespräche, Marktforschung – Broschüren, Salesfolder, Kundenzeitung – Geschäftsbericht – Messeaktivitäten – Pressekonferenzen inklusive Mappen ... – soziokulturelle Aktivitäten, Sponsoring **intern:** alles, was dem Zusammenhalt dient – Rundschreiben, Mitarbeiterzeitung – Mitarbeitergespräche, Leitbild – Schulungen zum Thema – Betriebsversammlungen, -veranstaltungen – Mitarbeiterstudien – Spesen	– Entwicklung von Order, Absatz, Umsatz, Qualität, Fehler-/Beschwerdequote – Verhältnis zu Zielgruppen (Shareholders, Banken, Verbraucher, Lieferanten, Handel, Presse, Arbeitsmarkt ...) – Image bei diesen Zielgruppen – Besucherkontakte (Messen) – Reaktionen auf Stellenanzeigen – Verkausaktivität/Engagement – Krankenstand, Unfallrate – Überstundenbereitschaft – Beteiligung am Vorschlagswesen – betriebliche Fluktuation – Reaktion auf interne Stellenausschreibungen – Disziplinarfälle, Beschwerden

Abbildung 5: Aufwand und Ergebnis von Kommunikation

Abbildung 5: Aufwand und Ergebnis von Kommunikation

3 Funktionen der Kommunikation, die oft übersehen werden

Kommunikation ist Verhalten, das Verhalten steuert

In der Kybernetik ist Kommunikation der Austausch von Informationen zwischen dynamischen Systemen. Leider ist diese Definition kaum jemandem bewußt, selbst einfache psychologische Lexika ziehen sich auf die Trivialdefinition zurück: „heute allgemein die zwischenmenschliche Verständigung ..." So ist das Kommunizieren so selbstverständlich wie das Essen: Da glauben wir alle, das hätten wir ja schon als kleines Kind gelernt, und so verhalten wir uns denn auch. Wohl aus Höflichkeit, vielleicht auch aus Angst, hat uns nur noch niemand gesagt, daß wir die Gabel falsch halten, oder daß wir den Suppenteller nicht kippen sollen ... Und so halten wir alle uns zeitlebens für angenehme Tischgenossen.

Ebenso selbstverständlich halten wir uns sämtlich für kommunikationsstark: Schon als Baby haben wir sprechen gelernt, schreiben dann in der Schule. Je weiter wir uns von dieser „Grundausbildung" entfernen, desto sicherer sind wir, weil uns niemand mehr benotet. Wenn uns dann jemand nicht versteht, werden wir lauter; statt etwas zu erklären, wiederholen wir es, statt nach neuen Begriffen zu suchen, heißen wir unser Gegenüber einen Dummkopf. Wir wissen doch schließlich, was wir sagen: Wir sind Fachleute.

Wir kommunizieren aber nicht nur durch das Wort – wir kommunizieren mit Worten und Bildern, mit Gesten ebenso wie mit unserer Mimik. Unser Verhalten ist Kommunikation, so wie auch Kommunikation Verhalten ist. Ob ich jemanden streichle oder ohrfeige – er erhält eine Information, auf die er seinerseits reagiert. Dies ist das Wesen der Kommunikation, eben der „Austausch". Wir lösen mit unserem kommunikativen Verhalten bei anderen ein Verhalten aus. Der Fehler, den wir dann machen, ist, daß wir keine Mühe darauf verwenden zu prüfen, ob und wie wir verstanden wurden, sondern ein nicht beabsichtigtes Verhalten als Unvermögen oder Böswilligkeit, jedenfalls als Fehler der anderen abstempeln.

Auf die Unternehmenskommunikation übertragen, heißt das: Da ihre einzelnen Aufgabenbereiche sämtlich das Verhalten ihrer „Zielgruppen" *beeinflussen* sollen (die Kunden sollen kaufen, die Mitarbeiter mehr Leistung bringen usw.), ist Unternehmenskommunikation insgesamt ein zu verbesserndes Verhalten, das das Verhalten anderer steuern soll.

Wissen allein verändert Verhalten nicht

Bekanntlich ändern wir Menschen Verhalten oft wider besseres Wissen nicht. In den 70er Jahren wurden Millionen ausgegeben, um die Autofahrer durch Information davon zu überzeugen, daß sie angegurtet mehr Chancen hätten, heil ans Ziel zu kommen. Befragungen erbrachten, daß die Kampagnen durchaus zur Bewußtseinsbildung beitrugen; Verkehrszählungen aber zeigten, daß die Zahl der Gurtmuffel konstant hoch blieb. Erst als Versicherungen mit Leistungsverweigerung drohten und Bußgeld erhoben wurde, griffen mehr Leute zum Gurt; aber es waren nie alle.

In den letzten 20 Jahren haben vor allem die Erfahrungen mit der Erziehung zum Umweltbewußtsein Erkenntnisse bestätigt, die man experimentell bereits in den 50er und 60er Jahren gewonnen hatte: Wissen allein verändert Verhalten nicht, und die Verhaltensbereitschaft läßt nach, wenn das Umfeld nicht stimmt.

Es gibt mehrere Gründe dafür. Einige plausible Zusammenhänge sollen kurz beleuchtet werden. Zunächst: Der Mensch wird nicht durch die objektive Information gesteuert, das heißt, so wie er sie erhält, sondern durch „verarbeitete Daten". Zwischen Reiz (= Informationsabgabe) und Reaktion gibt es einen Verarbeitungsprozeß, dessen Stufen sind:

▶ die selektive Aufmerksamkeit (Erfahrungen und Interessen lassen für bestimmte Informationen mehr, für andere weniger oder gar nicht empfänglich sein.),

▶ die intellektuelle Leistung der Herstellung von Beziehungen (Assoziationen, Klassifikationen, Rückschlüsse),

▶ die Beurteilung durch das individuelle Wertesystem,

▶ das verfügbare Reaktionspotential (Einer Aufforderung zum Singen kann der Stumme nicht nachkommen.),

▶ die Antizipation der Folgen des möglichen Verhaltens (Vorstellung aufgrund gemachter Erfahrungen und intellektuellen Vermögens).

Solche Erkenntnisse stellen hohe Anforderungen besonders an Informationen „mit Breitenwirkung", also Informationsabgabe an Massen beziehungsweise „möglichst alle", sie machen sie zum Teil unmöglich. In der Kommunikation ist das „kleinste gemeinschaftliche Vielfache" zu suchen, das heißt der Inhalt oder Gedanke, der von möglichst allen wie gewünscht verstanden und verarbeitet wird. Je größer die Gesamtheit, desto einfacher muß der Gedanke sein, und es stellt sich dann bald die Frage, ob das, was zu sagen ist, dann noch rüberkommt.

Oft schließt man dann entweder ganze Gruppen von vornherein aus oder verteilt die Botschaft in verschiedener Verpackung.

Daß die Intelligenz bei der Verarbeitung von Informationen eine Rolle spielt, darauf muß ich nicht näher eingehen. Was aber oft nicht genügend beachtet wird, ist das Wertesystem des Menschen, das seine Reaktion beeinflußt. Werte sind einzelne Überzeugungen, während Einstellungen mehrere Überzeugungen umfassen. Werte haben eine stärkere motivationale Komponente, einen stärkeren „Aktionsimpetus", und sie sind Maßstab für die Beurteilung eigenen und fremden Verhaltens.

Freizeit, Familie, Gleichheit, Anerkennung ... sind Werte, mittlerweile auch Umwelt. Starke Werte, die in der öffentlichen Meinung gefördert werden, sich aber oft als hinderlich bei der Initiierung zweckvollen Verhaltens erweisen, sind zum Beispiel Unabhängigkeit und Freiheit. Verhaltensänderung wird leichter, wenn man das gewünschte Verhalten an solche zentralen oder dominanten Werte binden kann, das heißt: Man verspricht etwa größere Unabhängigkeit/Freiheit durch ein gewünschtes Verhalten.

Aber selbst dabei ist immer die Beobachtung zu machen, daß Verhaltensgewohnheiten das Neue blockieren. Und dann macht man zuweilen überraschende Erfahrungen: Der „nationale Ölschock" 1973 zeigte, wie schnell feste Gewohnheiten aufgegeben werden können. Aus Experimenten wissen wir, daß Informationen über Sachverhalte, die Leib und Leben bedrohen, eine das Verhalten stimulierende Ausgangslage darstellen. Das Verhalten kann dann „gegen alle Erwartung" sein, also entgegen den festgefügten Einstellungen und Werten.

Die Bedürfnislage bestimmt die Chancen für Informationen

Es ist eine andere Frage, wie lange auf diese Weise erzieltes Verhalten stabil bleibt. Jedenfalls aber zeigt dies, daß Werte und Einstellungen in ihrer Stabilität relativ sind. Sie haben funktionalen Charakter, das heißt, sie dienen der Befriedigung von Bedürfnissen. Bedürfnisse aber sind hierarchisch angeordnet. Die einfachste und plausibelste, zugleich auch die bekannteste Theorie hierzu ist die von Maslow. Danach hat der Mensch Basisbedürfnisse: Solange die nicht befriedigt sind, haben andere Bedürfnisse keine Aktualität. Das heißt im Unternehmen: Wenn jemand für seine Tätigkeit kein Geld bekäme, interessiert es ihn nicht, ob er demnächst noch mehr Verantwortung übernehmen könnte. Von Lob und Prestige kann man nur leben, wenn sie zu versilbern sind. Oder anders: Moral und Würde sind erst dann von Einfluß auf unser Verhalten, wenn Hunger und Durst gestillt sind und die Gefahr für Leib und Leben beseitigt ist.

Auf die Bedeutung der „Gefühle" soll hier nicht näher eingegangen werden, zumal sie mit den Bedürfnissen eng verbunden sind. Ein banales und zugleich bekanntes Beispiel: Ein hungriger Mensch neigt schneller zu Wutreaktionen (= Gefühlsausbrüchen) als ein gesättigter, „zufriedener" Mensch. Und schon die römischen Kaiser wußten sich durch „Brot und Spiele" vor den Emotionen des Volkes zu schützen. Lust und Unlust also haben Einfluß auf unsere Wahrnehmung und auf die Bewertung von Informationen.

Das heißt auch, daß die Unternehmensleitung die Rolle gewisser Maßnahmen beziehungsweise „Instrumente" der Kommunikation zur Mitarbeitermotivation nicht überbewerten darf. Jedenfalls würde es keinen Erfolg bringen, Mitarbeitern von hehren Zielen zu schwärmen, wenn Bezahlung und Arbeits-

Abbildung 6: Die Bedürfnishierarchie und ihre Konsequenzen im Unternehmen

platzsicherheit nicht ihrer Vorstellung entsprechen. Gerichtete Informationen können jedoch die subjektiven Vorstellungen beeinflussen und das Anspruchsniveau den realen Möglichkeiten anpassen.

Aber zur Wissensvermittlung muß eben einiges hinzukommen. Die Beobachtung der aktuellen Veränderung im umweltorientierten Verhalten macht dabei weitere Dinge plausibel, die zur Entstehung neuer Wertvorstellungen als Verhaltensmuster notwendig sind:

Funktionen der Kommunikation, die oft übersehen werden

- „infrastrukturelle" Verhaltensunterstützung: Ein Appell zur Müllsortierung nutzt nichts, wenn nicht Eimer und Tonnen verfügbar sind;
- Anreize zum Handeln: Bei Produkteinführungen und dergleichen sind es Sonderpreis, Preisausschreiben, Zugaben ... über die unique selling proposition (USP) hinaus, im Umweltschutz sind es Steuerermäßigungen ...;
- erkennbare Konsequenzen für das Verhalten: das gewünschte Verhalten muß eindeutig erkennbar zur Alternative und überschaubar sein, und die Folgen müssen klar definiert sein, dürfen nicht im Dunkeln bleiben;
- „Erfahrungskontinuität": Kinder etwa müssen das, was sie in der Schule als richtiges Verhalten gelehrt bekommen, im Alltag durch das Verhalten von Vorbildern (Lehrer, Eltern, Erwachsene schlechthin, im Unternehmen die „Leitenden") bestätigt erhalten.

Erfolgreiche Verhaltensänderung geht mehrere Wege

Am einfachsten fährt man, wenn man sich beim Thema Verhaltensänderung beziehungsweise -beeinflussung die Frage stellt, warum ein Mensch sein Verhalten ändern könnte. Dabei erkennt man drei Hauptwege, Verhalten zu ändern:

- Das Individuum paßt Meinung und Verhalten an, um positive Folgen zu erzielen oder negative zu vermeiden – ein oberflächliches Einwilligen ohne Überzeugung von der Richigkeit der Sache an sich (Fügsamkeit) – und wenn keine Kontrolle und Ahndung da ist, läßt die Wirkung bald nach.
- Jemand paßt Meinung und Verhalten an, um anderen, die für ihn ein Idealbild darstellen, ähnlich zu werden – auch hier nicht aus Überzeugung, sondern aus dem Bestreben

nach Vollendung seines Selbstbildes, das nach dem Bild anderer geformt ist (Identifikation); verblaßt das Vorbild, bleibt oft vom angepaßten Verhalten auch nicht viel.

▶ Jemand nimmt Meinung und Verhalten an, weil sein Wertsystem dies erfordert – also aus Überzeugung, daß dies so sein muß (Internalisation); dies ist zweifellos der längste und schwerste Weg.

Wer Verhalten ändern will, sollte alle drei Wege beschreiten:

▶ Informationen geben, die es erlauben, das gewünschte Verhalten mit dem bestehenden Wertsystem vereinbar zu machen und auf diese Weise auch neue Werte zu schaffen;

▶ sich selbst bemühen, als Vorbild für das gewünschte Verhalten zu gelten;

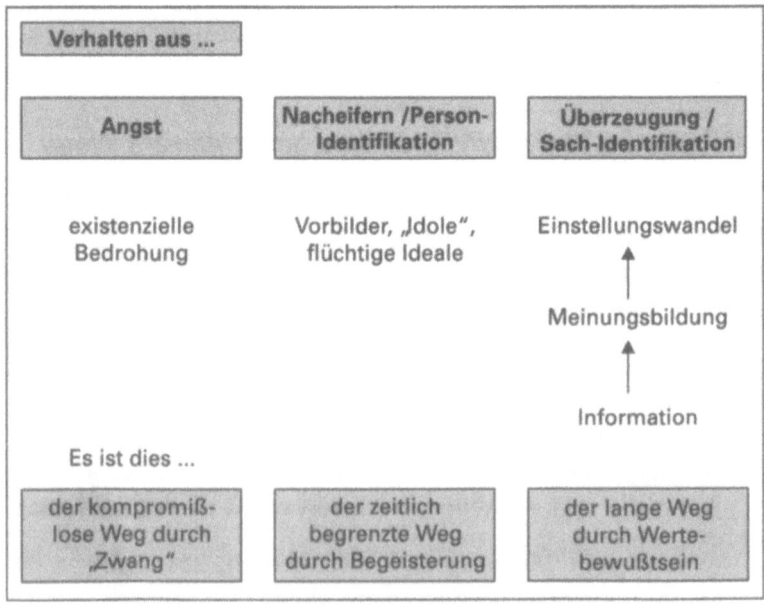

Abbildung 7: Grundmotivationen für Verhaltensänderung

Funktionen der Kommunikation, die oft übersehen werden

▶ konsequent Fortschritte im gewünschten Verhalten anerkennen und ein „Mißverhalten" sanktionieren.

Kommunikation ermöglicht die Kombination der Produktionsfaktoren

Genüßlich zitiert man jenen Altvorderen der modernen Marktwirtschaft, der genau wußte, daß 50 Prozent der Werbung rausgeworfenes Geld wären, nur könne eben keiner sagen, welche 50 Prozent.

Wir wissen: Kommunikation ist mehr als Werbung, und es läßt sich dann sehr wohl sagen, welches Geld zum Fenster rausgeworfen ist: Jede Mark, die man ausgibt, damit das unternehmerische Treiben als Leistung gesehen wird, während man nichts tut, um aus dem unternehmerischen Treiben eine tatsächliche Leistung zu formen – mit Hilfe der Kommunikation; und das kann letzlich mehr sein als 50 Prozent.

Das Unternehmen: System aus Sachen und *Menschen*

Die Betriebswirtschaft betrachtet das *Unternehmen* als kybernetisches System und folglich den Informationsfluß zwischen dem Unternehmen und seiner Umwelt („externe Kommunikation") als notwendig für die Erhaltung des Unternehmens. Diese Sicht ist zu einseitig. Es ist unbedingt notwendig, das Unternehmen selbst als Ansammlung von kybernetischen Systemen zu betrachten: Sie heißen Mensch, oder deutlicher: „Individuen". Und sie können alle das System Unternehmen fördern oder stören.

Ein Unternehmen ist also ein kybernetisches System aus Menschen, aber auch Sachen. Sie stehen untereinander in Beziehung. Damit das Untereinander kein Durcheinander wird, ist es zu organisieren: Zuständigkeiten (man spricht von Aufbauorganisation) und Prozesse (Ablauforganisation) sind zu regeln. „Organisation" ist so eine notwendige Aufgabe der Unternehmensführung.

Organisiert wird nach Zweckmäßigkeit, das heißt, die Ziele des Unternehmens sind Grundlage, und nach Wirtschaftlichkeit, unter Berücksichtigung der Balance zwischen Stabilität und Flexibilität sowie des reibungslosen Zusammenwirkens.

Nun entsteht in einem kybernetischen System bei Störung seines Gleichgewichts das Bedürfnis, das Gleichgewicht wieder herzustellen, um „Krankheit" oder Exitus zu verhindern. Verantwortlich dafür ist die Rückkopplung. Dies ist der ständige Vergleich des IST-Zustandes mit dem SOLL-Zustand; notwendig dafür ist nicht nur ein Informationsfluß, sondern die Bekanntheit vom SOLL wie vom aktuellen IST im Unternehmen wie auch von externen Erscheinungen, die für das Unternehmen von Bedeutung sind. Funktioniert die Rückkopplung nicht, dann ist das System krank: Bei Störung kann das Gleichgewicht nicht wieder hergestellt werden, weil das Ungleichgewicht gar nicht registriert wird.

Kommunikation definiert die Kybernetik als Austausch zwischen Systemen: Damit hat zumindest der „Informationsfluß hin und her" zwischen einem Unternehmen und seiner Umwelt wesentliche Bedeutung für die Führung des Unternehmens. Wie aber ist es mit dem Informationsfluß innerhalb des Unternehmens?

Der Produktionsfaktor Arbeit heißt Mensch

Führen ist nicht allein die Festlegung von Zielen. Ein Unternehmen ist eine organisierte Wirtschaftseinheit, in der eine Kombination von Produktionsfaktoren zur Erstellung und Bereitstellung von Sachgütern und Dienstleistungen erfolgt. Es ist nicht Unternehmensziel, die Bedürfnisse Dritter zu befriedigen. Vielmehr ist diese Bedürfnisbefriedigung das Mittel, Unternehmensziele wie Gewinnmaximierung, Kostenminimierung, Umsatzsteigerung zu erreichen. Wie?

Dafür stehen dem Unternehmen „Produktionsfaktoren" zur Verfügung: Betriebsmittel, Werkstoffe, Arbeitskräfte. Diese sind zu „kombinieren". Die Qualität der Kombination bestimmt die Produktivität eines Unternehmens. Als Instrumente der Kombination und damit als Hilfsmittel der Unternehmensführung gelten die sogenannten dispositiven Faktoren: Zielsetzung, Planung, Organisation, Personalwesen ... Die Kommunikation aber führt ein Schattendasein im Aufgabenbereich der Organisation.

Information ist als Betriebsmittel, in manchen Branchen gar als Werkstoff zu sehen und erhält in der Literatur als Produktionsfaktor mehr und mehr Bedeutung. Kommunikation aber ist mehr: Sie ist der Rückkopplungsprozeß im System. Und wir haben zwei Arten von Systemen zu berücksichtigen: das Unternehmen in seiner Umwelt und den Menschen (leider nicht nur einen) im Unternehmen. Für die Führung des Unternehmens sind beide Systeme von Bedeutung. So wie die Organisation eines Unternehmens vom Unternehmensziel bestimmt wird, so wie die Personalauswahl und -entwicklung vom Ziel bestimmt wird, so sollte die externe und interne Kommunikation vom Ziel bestimmt sein.

Was steht denn hinter den Sätzen, die man in jedem Lehrbuch finden kann (Abbildung 8)? Oder ist besser zu fragen: Warum steht das so trocken und dürftig da ohne den Hinweis auf Kommunikation, ohne die es nun mal nicht geht? Was nutzt ein klares Ziel, was ein ausgezeichneter strategischer Plan, was eine sichere Finanzierungsbasis, wenn das alles niemandem vermittelt werden kann? Man bleibt stehen, wo man ist, oder wird sogar noch zurückgeschubst.

Die Kombination der Produktionsfaktoren im Betrieb
ist das Ergebnis leitender und planender = dispositiver Tätigkeit.

Die menschliche Arbeitsleistung des Betriebes
ist das Ergebnis dispositiver und ausführender Arbeit.

Arbeit allgemein
ist der Einsatz der Willens- und Körperkraft
zur Erreichung betrieblicher Ziele.

Ausführende Arbeit
besteht in der Erfüllung der Aufgaben,
die von den leitenden Personen gegeben wurden.

Leitende Arbeit/dispositive Arbeit (Betriebsführung)
hat folgende Aufgaben:

- betriebliche Ziele setzen (zum Beispiel Gewinnziel)
- Planung aller Einzelheiten zur Erreichung der Ziele
- Vollzug dieser Planung durch Verteilung der Aufgaben auf die betrieblichen Bereiche (Organisation)
- Kontrolle der betrieblichen Abläufe dahingehend, ob die gesteckten Ziele erreicht wurden.

Abbildung 8: Standard-Lehrsätze der Betriebswirtschaft

Produktivität ist die Ergiebigkeit der betrieblichen Faktorkombination, also das Verhältnis von Input zu Output. Und Rentabilität ist das Verhältnis einer Erfolgsgröße zum eingesetzten Kapital. Fließt das wirklich so automatisch? Die Antwort muß bei der Dimension „Eigenwilligkeit" der Produktionsfaktoren beginnen: Boden, Werkstoffe, Betriebsmittel haben keine eigene Meinung; Kapital trägt die Meinung der Banken, und zwar oft vieler; Arbeitskräfte aber sind Menschen mit eigenen Meinungen und Bedürfnissen. Der vielfache Brauch, nur vom Faktor Arbeit zu sprechen, leistet daher einer Unterbewertung der Kommunikation insofern Vorschub, als er die „Arbeitskraft" als Sache erscheinen läßt. Es ist an der Zeit, Arbeitskräfte als Personen zu bezeichnen.

Menschen führen heißt, Sinn geben

Gerade im Augenblick, wo „Lean-Managment", „Lean-X", „Lean-Y" grassieren, Führungsetagen motivieren und Belegschaften frustrieren, ist das „Wohin" von existentieller Bedeutung. Es hat sich schon mehrfach gezeigt, daß das „Changing" der Unternehmensstruktur mit dem Ziel einer Straffung der Wertschöpfung als rein organisationstechnische Aufgabe gesehen wird. Wenn dann Zentralisierung, Verselbständigung und Outsourcing von Funktionen „abgeschlossen" sind, stellt man oft mit Verwunderung fest, daß sich für diesen schlanken Laden keiner mehr ein Bein ausreißt – „die Unternehmenskultur ist kaputt". Warum?

Erstens arbeitet man fahrlässig unter einem demotivierenden Begriff: Die meisten oberen Etagen glauben, „Klartext" reden zu müssen, und geben das Ziel der Umstrukturierung mit Kostenreduzierung an. Reduzierung wird mit Einschränkung assoziiert, mit Verzicht, ist rückwärts gerichtet und zieht als natürliche Reaktion das „Bewahren-Wollen", das Sich-Sperren nach sich. Wie anders dagegen das Ziel „Optimierung der Kundenbeziehung": Diese Ausrichtung ist vorwärtsgerichtet, aggressiv-expansiv; selbst wenn damit „Abspecken" verbunden ist, hat das Handeln Zukunft.

Zweitens wird übersehen, daß es in solchen alles ändernden Prozessen nicht reicht, zum Zwecke einer höheren Produktivität Hierarchiestufen zu schleifen. Der verbleibende Rest braucht, zumal wenn er – und das ist der dritte Fehler – vor vollendete Tatsachen gestellt wurde, eine neue Orientierung.

Folglich hat die Qualität der internen Kommunikation ebenso wie die der externen existenzerhaltende Bedeutung für ein Unternehmen.

Ein Thema von dauerhafter Aktualität ist die Mitarbeitermotivation. Nicht nur bei Fusionen wird das Thema aktuell, auch in solider „Monokultur", wenn der Wettbewerbsdruck die Aktivierung aller Ressourcen erfordert. Statt des gewünschten Engagements stellt man dann oft fest, daß die Mitarbeiter den Weg des geringsten Widerstands gehen und innerlich die Mitarbeit aufgekündigt haben.

Mehr und mehr gilt die Fähigkeit, Mitarbeiter zu motivieren, Engagement zu fördern und Leistungsbereitschaft zu aktivieren, als wichtigste Führungsaufgabe. Das „Human Capital" ist wesentlicher strategischer Erfolgsfaktor, sein richtiger Einsatz zukunftsentscheidend.

Die wirtschaftliche Entwicklung wird von immer rascher sich vollziehenden Wandlungen geprägt. Nur Unternehmen mit der Fähigkeit, sich den neuen Erfordernissen anzupassen und den Wandel selbst mitzugestalten, können ihre Erfolgschancen voll nutzen. Dies setzt nicht nur hochqualifizierte, sondern auch hochmotivierte Mitarbeiter voraus.

Diesen Trend zu erkennen, entsprechende Initialzündungen auszulösen, die Bereitschaft zur Veränderung zu wecken und mit Veränderungswiderständen umgehen zu lernen, ist Führungsaufgabe – nicht nur, um durch Bindung qualifizierter Mitarbeiter Kosten zu sparen, sondern auch um den nötigen, permanent nach vorwärts gerichteten Offensivgeist zu erzeugen und aufrechtzuerhalten.

Die Praxis der Mitarbeitermotivation stellt sich dabei zwangsläufig als Balanceakt dar zwischen Diktat und Mitbestimmung. Für den Mitarbeiter ergibt sich daraus oft ein Wechselbad zwischen Über- und Unterforderung, Lob und Kritik, zwischen Sicherheit und Unsicherheit. Die Reaktionen der Betroffenen sind individuell unterschiedlich: Sie reichen von blindem Aktionismus bis zum Dienst nach Vorschrift.

Gesicherte Erkenntnis aber ist: Die Entfaltung von Mitarbeiterfähigkeiten erfordert, daß dirigistische Maßnahmen und einengende Strukturen soweit wie möglich abgebaut werden. Nur in einem Unternehmensklima, in dem der Mitarbeiter als Persönlichkeit respektiert wird, können sich die oft im Stillen schlummernden Talente voll entfalten und zieldienlich eingesetzt werden.

Für ein Unternehmen bedeutet das, geeignete, unternehmensspezifische Maßnahmen zu ergreifen, um das notwendige Klima zu schaffen und das Mitarbeiterpotential voll nutzen zu können. Was man dabei gemeinhin vom Mitarbeiter erwartet, ist nicht wenig:

- Eigeninitiative
- Teamgeist
- Risikobereitschaft
- Innovationsfreude
- passive und aktive, aber konstruktive Kritikfähigkeit
- Qualitätsbewußtsein
- Verantwortungsbewußtsein
- unternehmerisches Denken
- lebenslange Lernbereitschaft
- tabufreie konstruktive Kommunikation

Dies also sind zugleich die Ziele der Mitarbeitermotivation. Isolierte Maßnahmen hierzu wirken allenfalls punktuell. Um ein Höchstmaß an Leistungsmotivation und Identifikation mit den Unternehmenszielen zu erreichen, ist ein Motivationsmix gefordert: die Vernetzung aufeinander abgestimmter, an den Bedürfnissen des Unternehmens, der Mitarbeiter und zunehmend relevanter Umweltbereiche ausgerichteter Motivationsmaßnahmen.

Dieser Motivationsmix besteht einmal aus direkt wirkenden, materiell greifbaren Maßnahmen wie etwa leistungsgerechter Entlohnung, zusätzlichen Sozialleistungen oder ergonomisch gestalteten Arbeitsplätzen. Immer wichtiger aber sind die ideellen, in ihrer Motivationswirkung nicht immer erkennbaren Maßnahmen, hauptsächlich in den Bereichen Kommunikation, Organisations- und Personalentwicklung. Nur so läßt sich die nötige „Änderung in den Köpfen" der Mitarbeiter herbeiführen und festigen.

Menschen führen heißt, Interessen arrangieren

Wir alle beobachten seit langem ein zunehmendes Auseinanderdriften der Interessen. Es wäre verständlich, wenn sich Unternehmen flexibel auf die Situation einstellten. Es ist aber unverständlich, daß man dieses Auseinanderdriften zum Ziel machen kann. Denn es ist die grundlegende Frage zu beantworten, ob diese Gesellschaft durch Werte-Inflation überleben kann oder durch Konsens über gemeinsame Grundwerte. Dort wo der Wert Gemeinschaft keine Gültigkeit mehr hat, fragt man danach nicht mehr – das Individuum allein zählt, nicht einmal mehr seine Brut. Brutal formuliert: Ist aus einer solchen Entwicklung nicht die Tötung und Beraubung des Nächsten eine für recht einfache Geister naheliegende Konsequenz und das Geschäft mit ihm nur ein *Umweg* zum „individuellen Glück"?

Die heutige Situation wird vielfach auf den „Wertewandel" zurückgeführt. Alles, was Probleme macht und nicht gelingt, wird gern damit begründet. Dabei hatte die Menschheit zu jeder Zeit Wertewandel, sie hätte anders gar nicht bestehen können. Aber sie hat immer einen Weg gefunden zu überleben, und zwar im Konsens über zukunftsgerichtete Ziele. Das war in einer Monarchie einfacher, als es in einer von Informationen überfluteten Demokratie ist. Aber sie wird ihn auch heute finden – nicht in der Hatz nach dem Individuum, sondern nur in der Besinnung auf die Gemeinschaft.

Es ist sicher das Problem jeden Wertewandels, daß für eine möglichst lange Zeit ein Konsens über Handlungsbasis und -rahmen zu finden ist – eine permanente Aufgabe also. Schwierig wird das nur, wenn man lange Zeit nicht daran gedacht hat. Propheten des Chaos, wie sie heute auftreten und glauben machen, die Zukunft läge im Individualismus, sind eigentlich recht alberne Störenfriede, die von dem ablenken, was notwendig zu tun ist. Zugegeben, es wird nicht leichter, denn die durch die Förderung des Individualismus forcierte Werte-Inflation führt zu so etwas wie Interessen-Molekülen: Kleinstgruppen von Menschen, die heute mehreren Gruppen und morgen wieder anderen angehören, wobei die Interessen sich scheinbar widerstreiten, weil ihre gemeinsame Basis außer acht bleibt (Pluralismus). Das Problem wäre am besten im Individuum selbst zu lösen, etwa indem jeder einzelne sich Gedanken darüber macht, ob er/sie nun „mehr Autofahrer" oder „mehr Fußgänger" ist – aber es ist einfacher, spontan zu sein.

Das Verantwortungsbewußtsein der Gesellschaft beschränkt sich dabei oft auf die Angst, eine Entwicklung zu spät zu nutzen. Wie anders ist es zu erklären, daß immer wieder das Negative an Trends herausgestellt und vor ihnen gewarnt wird, gleichzeitig aber gefordert wird, „das Marketing" müsse sich

„darauf einstellen", was nichts anderes heißt, als die Realisierung der Horrorvision einzuleiten.

Was für die Gesellschaft insgesamt gilt, gilt für kleinere Organisationen ebenso. Es sollte für sie leichter sein, damit fertig zu werden. Aber wie sieht es aus? Man fragt nicht nach Zustimmung, also kann man sich der Illusion hingeben, daß es sie gibt. Man nennt erst gar nicht die Ziele, also kann man hoffen, daß niemand dagegen ankämpft. Kann man aber auch annehmen, daß man sie realisiert?

Das bereits erwähnte „Lean" als Heilmittel für alles geistert seit Jahren durch die Fachwelt. Kluge verbinden damit nicht nur ein Herausbrechen einer Hierarchiestufe, sondern eine grundlegende Neuorganisation, die „sich selbst steuernde Systeme" zum Ziel haben müsse. Und hier erhält Kommunikation insofern eine Bedeutung, als sie in den neu entstehenden, immer kleineren Systemen natürlicherweise intensiver ist. Zwei Dinge aber werden dabei weitgehend übersehen: Wenn man die Suche nach Orientierung dem neu entstehenden System überläßt, grenzt die Führung des Unternehmens als Gesamt- oder Makrosystem ans Unmögliche. Im übrigen aber bleibt die durchschnittliche menschliche Intelligenz auch in sich selbst steuernden Systemen bei 100, und somit bleibt auch jede Belegschaft von Inkompetenz durchwachsen. Eine Folge davon ist die Zunahme von unproduktivem Palaver. Das Überhandnehmen „demokratischer Prozesse" kann aber auch in der Scheu vor Verantwortungsübernahme liegen – solange, bis dann einer „ausgeguckt" ist, der geradesteht.

Es gab schon immer mehr Menschen, die Verantwortung tragen, als dazu imstande sind. Zwar können sich Kleinstgruppen leichter als große Gruppen selbst kontrollieren, sie entziehen sich aber ebenso leicht der Kontrolle von außen, nicht nur indem sie eigene Maßstäbe entwickeln, sondern auch dadurch, daß es immer Menschen gibt, die nichts anderes als mitlaufen *wollen* und nur dann glücklich sind, wenn sie es können. Das aber führt wiederum zur Dominanz weniger oder sogar eines einzelnen, und nicht mehr das System steuert, sondern ein Miniführer.

Wenn ein Unternehmen dauerhaft Bestand haben will – „überleben" ist zu dramatisch und wohl auch fehl am Platze, weil mit Sicherheit relativ –, dann muß es sich laufend Veränderungen anpassen: inneren, was die Werte der Mitarbeiter betrifft, und äußeren, die sich aus der Dynamik von Markt und Gesellschaft formen. Die Fähigkeit zur Anpassung hat Voraussetzungen, Anpassung kann nicht befohlen werden. Eine unmittelbare Voraussetzung ist die Kooperation im Unternehmen, am besten eine „geistvolle", also das, was man heute gern Synergie nennt. Kooperation setzt wiederum die Bereitschaft voraus, sich Konflikten zu stellen; dies wieder hat eine wirklich offene Kommunikation zur Bedingung. Wie aber können wir offen miteinander kommunizieren, wenn wir uns nicht gegenseitig vertrauen? Vertrauen braucht eine Basis.

Die Basis sind gemeinsame Überzeugungen, die Sicherheit, daß der andere in gewissen Dingen ähnlich denkt und empfindet wie wir. Wie können wir das sichern?

Menschen führen heißt, Systeme kompatibel machen

Wäre ein Defizit an Kommunikation die alleinige Ursache für ungenügende Identifikation der Mitarbeiter und damit für unzureichende Leistungsbereitschaft, dann gäbe es zum Beispiel in jedem Unternehmen eine klare, einvernehmliche und langfristige Zielsetzung – sie wäre „unten" nur nicht bekannt; mustergültige Führungskräfte mit Vertrauen in ihre Mitarbeiter, das zu einer mitarbeiterfördernden und zieldienlichen

Delegation führt – die Mitarbeiter hätten es nur nicht bemerkt; transparente, begreifbare und funktionsangemessene Organisationsstrukturen und -regeln, die Freiräume lassen für die Entfaltung individuellen, dem Unternehmenserfolg dienenden Potentials – es wäre nur nicht vermittelbar; einen funktionierenden Personalplan mit lohnenden Perspektiven für Mitarbeiter und eine in die Praxis integrierte Aus- und Fortbildung – nur behielte das die Personalleitung für sich; ein auf Synergie gerichtetes Verhalten von Geschäftsleitung und Arbeitnehmervertretung – nur hielten eben leider die Mitarbeiter das „Säbelrasseln gehört zum Geschäft" für die Wirklichkeit; Produkte und Leistungen ohne Qualitätsmängel, ohne Gefahrenpotential und frei vom Verdacht der Imitation – es wäre nur nicht gelungen, von der Einmaligkeit zu überzeugen.

Man kann solche Gedanken fortführen. Wenngleich man auch hier erkennen kann, daß durch Kommunikation der eine oder andere Mangel zu beheben wäre, so ist ebenso zu erkennen, daß der Erfolg der Unternehmenskommunikation nicht allein von der Qualität dessen bestimmt ist, der sich um gute Kommunikation bemüht: Immer ist auch die Qualität der Zielgruppen maßgeblich. Leider kann sich kaum einer den Markt so zusammenbauen, wie er seiner Vorstellung nach sein müßte, damit er in ihm Erfolg hat: Der Markt ist da und wird in seiner Dynamik mehrheitlich von anderen bestimmt. Und die Belegschaft, mit der Markterfolg zu erzielen ist, können sich Chefs, sofern sie nicht selbständig sind und ein relativ kleines, überschaubares Unternehmen haben, auch nicht selbst zusammenstellen. Die Kunst des Führens zeigt sich darin, daß man mit dem Verfügbaren gewinnt. Und das Niveau der verfügbaren Systeme Mensch muß man kennen.

Menschen sind höchst unterschiedlich und oft kaum *kompatibel*. Dieser Begriff greift wieder das Bild auf, das die kybernetische Definition der Kommunikation liefert: der Austausch zwischen (selbständigen) dynamischen Systemen. Wenn hier ein Austausch stattfinden soll, müssen die Systeme – wie es heute aus der EDV-Sprache bekannt ist – „kompatibel" sein. Das heißt, es müssen in den Systemen gleiche Bedingungen geschaffen werden ... Den einfachsten Gedanken hierzu liefert die Mathematik: Ungleiche Brüche macht man kompatibel, indem man sie auf einen *gemeinsamen Nenner* bringt.

Für die Kommunikation des einzelnen wie der Gruppe heißt das: Erfolgreiche Kommunikation beginnt mit dem Interesse am anderen. Oder anders: Bevor ich rede, sollte ich zuhören.

Manchmal ist es besonders schwer, wenn nicht unmöglich. Es ist ebenso richtig wie falsch zu sagen: „Intelligente Leute einigen sich." Die Intelligenz hat bekanntlich enorm unterschiedliche Ausprägungen, und das Gefälle, das dadurch zwischen Menschen entstehen kann, ist oft aufgrund der sonst entstehenden Kosten nicht ausgleichbar.

Ein Erlebnis in einem renommierten Marktforschungsinstitut, in dem unter anderem mit einem Studiobus gearbeitet wurde, soll den Gedanken verdeutlichen: Der Bus wurde an irgendeinen Ort gefahren, dort „baggerten" Interviewer Passanten und zeigten ihnen Werbespots, Produkte, Anzeigen oder was immer zu testen war. Einmal war ein neuer Interviewer einzuweisen, der den Bus noch nicht gefahren hatte. Da der Studienleiter auswärts einen Termin hatte, beauftragte er den Hausmeister und „Fuhrparkleiter" mit der Einweisung – wer sonst könnte es besser?

Als der Interviewer am nächsten Abend zurückkam, berichtete er vom vollen Erfolg, der allerdings etwa eine Stunde später als geplant begonnen hatte, „weil ich niemanden fand, der wußte, wie man den Motor abstellt": Der Bus war ein Daimler Diesel, der durch einen Fußtritt auf einen Knopf unter dem Sitz abzuwürgen war.

Der Hausmeister antwortete auf die Frage, warum er das bei der Einweisung dem Jungen nicht gesagt habe: „Ja, er hat ja nicht danach gefragt!" Sehen Sie: So wichtig, aber auch so schwer ist es, nicht nur gut formulierte, sondern auch „richtige" Fragen zu stellen.

Aber man kann Kompatibilität näherungsweise erreichen, indem man Standards schafft, in denen man sich bewegt: Vor allem die Bekanntheit der Ziele eines Unternehmens, aber auch der Strategien, der wesentlichen Dimensionen des Selbstverständnisses, des Zusammenspiels der Verantwortung sind solche Faktoren der „sozialen Kontrolle", die mir die Gewißheit geben, daß ich nicht wie ein Irrer auf einen Stein einrede.

Verbesserung der Kommunikationssituation muß also zwei Dinge im Auge behalten:

▶ einen gemeinsamen Nenner schaffen und
▶ Verhaltensänderung unterstützen.

Kommunikation sichert Unternehmensidentität

Wäre die Marketing-Definition begriffen worden, hätte es der Corporate-Identity-Theorie, die noch komplizierter zu sein scheint, gar nicht bedurft. Marketing hat zwei Komponenten, von denen gemeinhin die zweite verstanden und praktiziert wird: das Angebot der unternehmerischen Leistung als Nutzen für den Kunden anbieten mittels zweckmäßiger Marketingtechniken. Dies geht mehr schlecht als recht. Die als Voraussetzung wichtigere Komponente: Ausrichtung sämtlicher Unternehmensdisziplinen auf die Bedürfnisse des Kunden, die wurde schon immer weitgehend vernachlässigt. Und so braucht es nicht zu verwundern, wenn der Mund etwas anderes spricht als die Hände (vgl. vorn die Beispiele für Defizite in der Kommunikation).

Rein technisch ist die Handhabung des Regelkreises Marketing sehr einfach. Aber auch hier gilt: Der Nutzen eines Instruments ist von der Qualität des Anwenders abhängig.

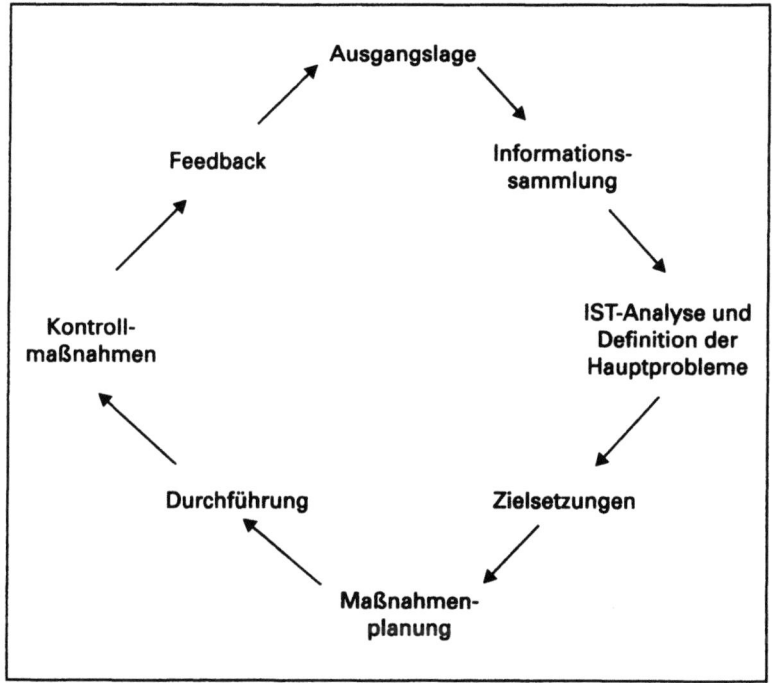

Abbildung 9: Der Marketing-Regelkreis

Die Trennung der Funktionen Vertrieb, Werbung usw. brachte es mit sich, daß die eben genannte zweite Komponente nie greifen konnte: „Marketing machten" halt andere, selbst war man dafür nicht zuständig. Und bald spürte man, daß es auf diese Weise leicht zur Diskrepanz kommt zwischen dem

Auftritt des Vertriebs samt der Produkte und dem übrigen Verhalten des Unternehmens. Es lag nahe, die Lücke zu schließen. Die Theorie der Corporate Identity war der Versuch, alles aufeinander abzustimmen.

Nun wurde es mit der Theorie von Corporate Identity auch nicht einfacher. Es ist ein oft sehr wirres Bild, was selbst Fachgazetten über das Thema Corporate Identity – „CI" – und der damit eng verbundenen Begriffe wie Leitbild, Unternehmenskultur usw. liefern. So stand einmal zu lesen: „Der Agenturchef entwickelte für das Bankhaus das Leitbild, beauftragte einen Grafiker mit der Entwicklung der CI ...". Eine solche Aussage ist symptomatisch für das weitverbreitete Chaos. Die Entwicklung von CI ist nie und nimmer die Aufgabe eines Grafikers; und die Entwicklung des Leitbildes sollte eine Leistung des Unternehmens sein – unter Anleitung von draußen.

Warum kam das so? Diese Theorie versucht, die Bedeutung des Verhaltens herauszustreichen, und vernachlässigte den Bezug zur Leistung: Die drei Komponenten Erscheinungsbild, Kommunikation und Verhalten sollten die Identität prägen. Das Verwirrende daran ist, daß diese Dinge sich stark überschneiden: Das Erscheinungsbild (und das ist nicht *nur Corporate Design*) wird von der „Kommunikation" (*Corporate Communication*) geprägt, genauso wie Kommunikation Verhalten (*Corporate Behavior*) ist und das Verhalten jedes einzelnen das Erscheinungsbild *mit*prägt. Und wo bleiben die Produkte? Sind sie als Ergebnis der Leistung Teil des Verhaltens oder Teil des Erscheinungsbildes?

CI ist ein hoher Grad an Übereinstimmung von Erscheinungsbild, Verhalten und *Leistung*, ganz gleich, ob diese Übereinstimmung nun bewußt herbeigeführt wurde oder Zufallsprodukt ist.

Corporate Identity heißt		
Verhalten,	das eine Voraussetzung für Leistung ist	
		und – sichtbar – das Erscheinungsbild färbt
Leistung	die auf den Fähigkeiten basiert und das Image prägt, und für die allein das Unternehmen bezahlt wird	
		und somit Rückwirkung auf das Verhalten hat, vor allem aber als Produkt das Erscheinungsbild mitprägt
und Erscheinungsbild	das sind die „Kleider", die sich das Unternehmen anzieht	
		und die dem Selbstverständnis und der Identifikation Ausdruck verleihen und folglich auf Verhalten und Leistung wirken
vermitteln gleichgerichtete, sich gegenseitig verstärkende Botschaften		

Abbildung 10: Definition von Corporate Identity

Das Erscheinungsbild eines Unternehmens (die „Äußerlichkeiten" wie Architektonik, Design, Logo und Farben und das, wodurch sie transportiert werden) ist dabei Ausdruck des Denkens und Wertens in einem Unternehmen; und umgekehrt werden Denken und Werten in einem Unternehmen zweifellos auch vom Erscheinungsbild beeinflußt (etwas macht stolz oder wird abgelehnt).

Ein geringer Übereinstimmungsgrad dieser drei Komponenten führt zu Irritationen; Mitarbeiter, Marktpartner, Kunden und Öffentlichkeit haben entsprechend Orientierungsschwierigkeiten, so daß er zugleich Ausdruck mißlungener Kombination der Produktionsfaktoren ist: Führungsmangel.

Nur wenn Verhalten, Leistung und Erscheinungsbild gleichgerichte, sich gegenseitig verstärkende Botschaften vermitteln, spricht man von Corporate Identity.

4 Wege zur Verbesserung der Unternehmenskommunikation

Die Vorgehensweise

Nicht selten ist der Berater mit folgender Tatsache konfrontiert: „Wir haben schon alles gemacht, was notwendig ist, aber es greift nicht: Was sollen wir tun?" Und wenn man dann fragt, wie es abgelaufen ist, erfährt man: Der Vorstand habe irgendwann mal grünes Licht gegeben, ein Leitbild oder eine CI oder ... zu entwickeln, dann sei ihm das schließlich auch präsentiert worden, aber seither tue sich da nichts mehr. Eine typische Situation: Der Vorstand steht nicht dahinter, sonst würde er Maßnahmen sehen wollen und sich nicht damit begnügen, daß ein Papier mit ein paar hehren Sätzen existiert.

Entschlossenheit: Konsens der Geschäftsführung

Oft wird ein Prozeß zur Verbesserung der Kommunikation eingeleitet, aber nicht fortgeführt, weil die Geschäftsleitung sich nicht selbst damit identifiziert, sondern die Aufgabe „delegiert". Es ist aber unabdinglich, daß die Unternehmensspitze die Veränderung bei vollem Bewußtsein einleitet, denn es geht auch um die Formulierung der Unternehmensziele, und da kann sie sich nicht ausklinken. Und es geht um oft weitreichende Konsequenzen. Erst wenn das Topmanagement weiß, was auf das Unternehmen zukommt, und das dann auch will, darf der Prozeß der Veränderung beziehungsweise der Problemlösung einsetzen.

Es ist ein Unterschied, ob ich jemandem den Umgang mit einem Instrument beibringen oder ob ich ihn in einer Theorie unterweisen soll, damit er aus einem neuen Bewußtsein heraus die zur Führung seines Unternehmens nötigen Instrumente selbst entwickelt – so weit wie nötig (nicht: wie möglich) unter Anleitung des Beraters.

Den Umgang mit einem Instrument kann das Topmanagement unter gewissen Voraussetzungen delegieren, die Unterweisung in einer Führungstheorie nicht, sonst gibt es Konflikte mit der Folge des Abgangs der „Besserwisser" und der Feststellung, die Übung habe nichts als Unruhe gebracht.

Das bedeutet: Die erste Phase – selbst auf die Gefahr hin, daß es zugleich die letzte ist – besteht lediglich aus der Bewußtseinsbildung bei allen Mitgliedern der Geschäftsleitung hinsichtlich der Zusammenhänge und Folgen des gewünschten Veränderungsprozesses. Wenn die Führungsspitze erkannt hat, was alles sich als Konsequenz ergeben könnte und wie lange der Prozeß dauern kann, erst dann sollte ein Berater weitermachen.

Man darf sich dabei nicht täuschen lassen von Leuten, die scheinbar zielbewußt eine Verbesserung der Kommunikation, oft gar „der CI", verlangen und behaupten, sie hätten sich damit eingehend befaßt und alle in der Geschäftsleitung seien sich einig usw. Oft erkennt man, daß sie CI nur als Instrument vergleichbar einer Notbremse sehen und den Berater als jemanden, der damit umgehen kann, vergleichbar einem Red Adair, dem legendären Spezialisten für das Löschen von Ölbränden: Solches Schauspiel beobachtet man bekanntlich aus sicherer Entfernung.

Wenn – wie bereits dargelegt – Kommunikation Verhalten ist, dann ist eben zu berücksichtigen, daß Verhaltensänderung „über den Kopf" sehr lange dauert; daß das Vorbild eine gewünschte Änderung unterstützt und daß gewisser „Zwang" (Erfahrung durch Erleben) durchaus seinen Sinn hat. Am besten ist es, alle Wege zu besetzen und die Mitarbeiter in die Diskussion von IST und SOLL einzubeziehen – in geeigneter Weise. Denn was man selbst mit schafft, kann man nachher kaum bemäkeln.

Offenheit: IST-Analyse

Man kann kein Konzept zur Veränderung aufstellen, ohne eine genaue Standortanalyse zu haben.

Wer kann anderen sagen, welche Vorzüge er hat, wenn er sich selbst darüber nicht im klaren ist? Die Antworten sind keineswegs gleich, die man erhält, wenn man nach Aufgaben und Stärken eines Unternehmens fragt. Das Unternehmen sieht jeder aus einem anderen Blickwinkel.

Wer kann schon sagen, welche Richtung er einschlagen und ob er sich überhaupt bewegen soll, wenn er nicht weiß, wo er ist und was er sich woanders erhofft? Das Problem liegt immer wieder darin, daß viele Unternehmen weder eine Vision haben noch ihre Kompetenz kennen. Das heißt, sie haben nicht definiert, was sie zu dem befähigt, was sie tun, und nicht festgelegt, was sie mit ihrer Arbeit langfristig erreichen wollen.

Wer kann sagen, wie Konflikte zu lösen sind, wenn er ihre Ursachen nicht kennt? Konflikte sind weitgehend eng mit dem System vernetzt, in dem sie erkennbar werden. Also kann man sie nicht losgelöst vom System behandeln, sonst kuriert man Symptome, und nichts wird sich ändern.

Aller Anfang also ist die Selbsterkenntnis. Die Analyse soll erlauben, die Kompetenz eines Unternehmens zu definieren in Orientierung an dem Ziel, sich von der Konkurrenz abzuheben, ohne als „abgehoben" zu erscheinen, und an dem Ziel, den Mitarbeitern einen realistischen Maßstab für ihr Handeln zu setzen. Und sie soll ebenso erlauben, eine realisierbare Vision zu finden von der künftigen Bedeutung des Unternehmens im Markt.

Also sucht man zunächst ehrliche Antworten auf die Fragen:

- Was können wir?
- Was können wir besser als die Konkurrrenz?
- Das heißt auch: Ist unsere Leistung oder der Nutzen daraus einzigartig?
- Ist die Art und Weise, unsere Leistung zu erbringen, einzigartig?
- Was *wollen* wir besser können?
- Was rechtfertigt dieses Wollen, worauf können wir bauen?

Dazu ist ein Abgleich von Selbst- und Fremdbild (Image) notwendig:

- Was trauen *wir* uns selbst zu,
  wo sehen *wir* unsere Stärken und Hindernisse?
- Was trauen uns *andere* zu,
  wo sehen die *anderen* unsere Stärken und Schwächen?
- Und weshalb gibt es Abweichungen zwischen Selbst- und Fremdbild?

Für die Formulierung des Selbstverständnisses ist es zwingend, neben der Meinung der Führung die Meinungen der Mitarbeiter zu hören, ja sie sogar durch das Fremdbild, das heißt durch die Meinungen von Kunden, Lieferanten usw. „zu eichen". Je größer aber eine Belegschaft ist, desto weniger wird man sich mit allen Mitarbeitern über ihr Unternehmensbild unterhalten

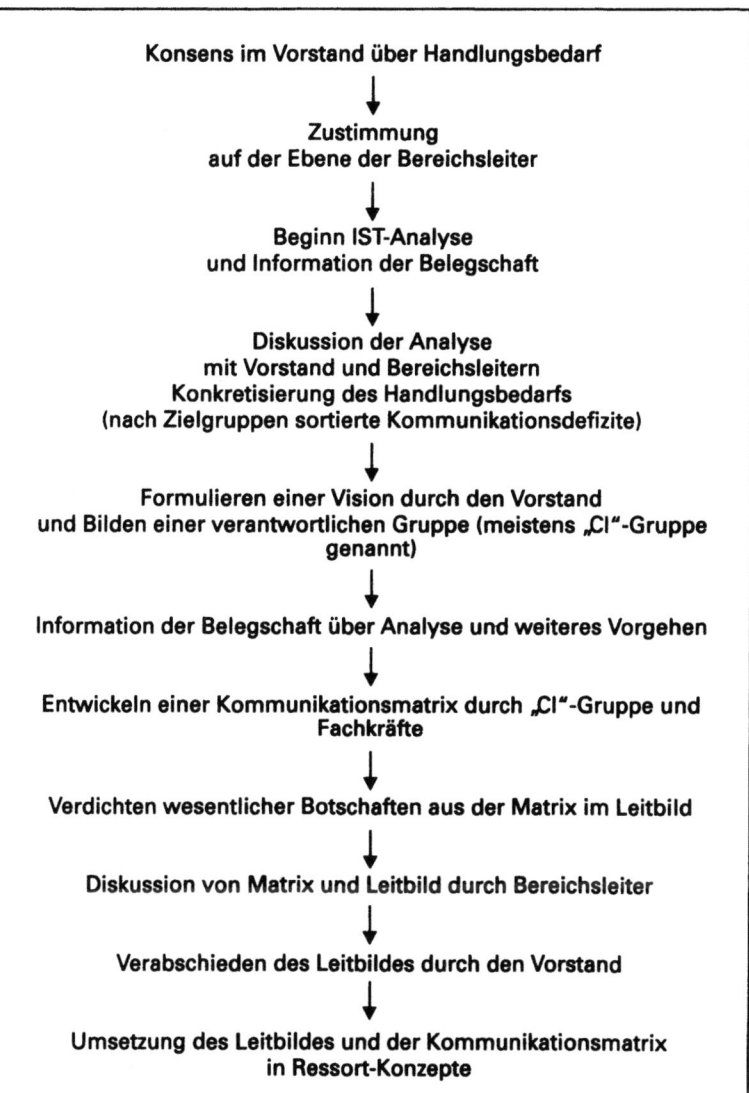

Abbildung 11: Die Vorgehensweise bei der Verbesserung der Unternehmenskommunikation

können, also greift man sich eine Stichprobe heraus. Die in diesen wenigen Gesprächen gewonnenen Erkenntnisse sollten dadurch abgesichert werden, daß alle Mitabeiter später die Gelegenheit erhalten, sich dazu schriftlich zu äußern.

Dabei genügt nicht die relative Entfernung zu anderen Unternehmen, also der Vergleich mittels Standarddimensionen: Wer sagt denn, ob diese Standarddimensionen die für dieses besondere Unternehmen typischen Faktoren enthalten, die es kennzeichnen, die vielleicht seine Probleme bedingen? Und was sagen schon Standards wie „dynamisch", „fortschrittlich", „innovativ", und hiervon „etwas", davon „eher mehr" oder „eher weniger"? Jedes Unternehmen hat seine eigenen Maßstäbe und sein Anspruchsniveau entwickelt, und allein daran sollte es sich messen lassen. Wenn die zunächst nicht bekannt sind, müssen sie ermittelt werden.

Recherchiert werden also

> das Selbstverständnis des Unternehmens, wie es in seiner Vision (wenn es eine hat) und den Vorstellungen von den Wettbewerbsvorteilen zum Ausdruck kommt (Selbstbild),
>
> die Einstellungen der Mitarbeiter zu ihrem Unternehmen und zum Markt (Selbstbild),
>
> sowie umgekehrt die Einstellung des Marktes beziehungsweise der einzelnen Zielgruppen zum Unternehmen (Fremdbild).

Um diese Felder zu recherchieren, sollten Intensivinterviews geführt werden mit Geschäftsleitung, Führungskräften, Mitarbeitern, Kunden und sonstigen wichtigen Zielgruppen. Intensivinterviews sind nicht-standardisierte Gespräche zu Themen, die vorher in einem Leitfaden festgelegt werden. Der Gesprächsablauf wird weitgehend von den Antworten bestimmt.

Die Zahl der Interviews und die im Einzelfall konkret zu interviewenden Gesprächspartner werden in Abstimmung mit dem Kunden festgelegt.

Die Interviewpartner bleiben aus rechtlichen (Datenschutzbestimmungen) wie aus methodischen Gründen (sie reden freier, offener) anonym. Notwendig ist vor Beginn der internen Recherche die Zustimmung des Datenschutzbeauftragten, empfehlenswert die Information des Betriebs- beziehungsweise Personalrats, da er sonst später möglicherweise den Veränderungsprozeß blockiert.

Die Auswertung der Intensivinterviews erfolgt inhaltsanalytisch und ermöglicht so die Definition der wirklich bedeutsamen positiven wie negativen Imagefaktoren im Bewußtsein der einbezogenen Gruppen wie auch deren Zusammenhänge. Kommunikations- und Image*defizite* werden aufgedeckt. Daraus ergibt sich unmittelbar der dann im Unternehmen zu erörternde Ansatz zur Verbesserung der Kommunikationssituation intern wie extern. Das heißt nichts anderes als: In der Methode liegt bereits der Lösungsansatz.

Die Methode stellt auch Anforderungen an den „Interviewer", der prinzipiell die Verantwortung für die Auswertung und die anschließende Konzeption mitträgt und somit Mitglied des Beratungsteams ist. Neugier und die Bereitschaft, sich mit neuen Themen auseinanderzusetzen und zu lernen, sind selbstverständlich und sollten alle Interviewer auszeichnen. Was hier besonders vorauszusetzen ist, sind ein besonderes Einfühlungsvermögen und die Fähigkeiten zum Zuhören, zur passiven Gesprächsführung unter Nutzung der eben erhaltenen Informationen, das heißt zur Zurückhaltung mit der eigenen Meinung, und natürlich zur unverfälschten Informationsübermittlung. Weitere Bedingungen sind: Er (natürlich kann es auch *sie* sein!) muß zumindest betriebs- und volkswirtschaftliche „Ahnung" mitbringen, Offenheit, Toleranz und Seriosität im Auftritt und damit auch ein gewisses Mindestalter – ergraute Vorstände geben einem „Schnösel" möglicherweise ein „Interview", werden aber kein „offenes Gespräch" mit ihm führen, wie es das Ziel ist.

Gewichtungen in Zahlen werden auf Basis von Intensivinterviews nicht erstellt. Diese können bei Bedarf in nachfolgenden repräsentativen und standardisierten Erhebungen emittelt werden – sie *sollten* sogar ermittelt werden: Man erhält Meßwerte für den Zeitpunkt t_1 und kann nach einigen Jahren durch Wiederholung erkennen, was sich verändert hat.

Exkurs über standardisierte Befragungen

Für die statistisch-repräsentative Absicherung der Befunde gilt folgendes: Nicht die Kosten, sondern Wahrheit und Tiefe sollten die Methode bestimmen. So hat die Face-to-face-Befragung (das mündliche Interview) zwar wie das telefonische Interview und die sogenannte schriftliche „Klassenzimmerbefragung" eine relativ kurze „Feldzeit" als Vorteil, ebenso die Möglichkeit der Rückfrage bei Verständnisproblemen; der Nachteil bei allen drei Methoden ist aber ein hoher Zeitdruck für die Auskunftspersonen und damit verbunden die Einschränkung der Tiefe: Der Mitarbeiter, der Kunde oder wer immer kann seinen Gedanken nicht „entwickeln", ihn erklären und eventuell letztlich zu einer ganz anderen Formulierung kommen, als die spontane Antwort sie beinhaltet – Spontaneität drückt zwar immer „Wahrheit" aus, oft aber nur die, daß das Thema für den Befragten bislang nicht aktuell war und er folglich eine eigene Meinung dazu noch nicht hatte.

Es ist in jedem Falle die schriftliche Befragung vorzuziehen; ihre Vorteile:

- der Befragte hat Zeit, sich die Antwort zu überlegen und mit den übrigen Themen abzustimmen (Jede weitere Frage kann helfen, die andere zu verstehen!);
- er sitzt niemandem gegenüber, wird von niemandem gehört und kann sich so der Anonymität subjektiv sicherer sein, was die Ehrlichkeit fördert;
- der zurückgesandte ausgefüllte Fragebogen enthält auf jeden Fall die Meinung eines Mitarbeiters und nicht möglicherweise die eines Interviewers, und wenn auch nur teilweise, weil irgendwann während des Interviews vielleicht der Befragte genug hatte.

Zugegeben: Vor allem wenn die schriftliche Befragung offene Fragen (also Fragen ohne Antwortvorgaben) enthält, ist der Auswertungsaufwand wesentlich größer. Offene Fragen aber sind sehr zu empfehlen: Sie liefern „Erlebnisse" und somit ein unmittelbares Bild von den Zuständen; sie zeigen aber auch den Mitarbeitern, daß *ihre Meinung* gefragt ist und nicht nur der Grad ihrer Zustimmung zu den Meinungen anderer.

Marktforschungsinstitute bieten gern standardisierte Befragungen mit dem Argument an, Unternehmen bekämen auf diese Weise die Möglichkeit, ihre Situation mit der anderer Unternehmen zu vergleichen. Diese Möglichkeit ist sehr eingeschränkt; denn die Ergebnisse der anderen verschwinden in Gesamt- beziehungsweise Durchschnittswerten, keines der Unternehmen wird benannt. Was in der Gesamtheit gut und nicht gut ist, kann objektiv nicht gesagt werden, denn letztlich ist das Selbstbild eines Unternehmens – seine Vision, seine Ziele und Ansprüche, aber auch die spezifische Struktur der Gegebenheiten – der Maßstab für die Wertung der Mitarbeiteraussagen.

Eine repräsentative Absicherung der Ergebnisse einer qualitativen Befragung verleitet oft dazu, aufgrund der möglichen Bestimmung von Korrelationen zwischen Meinungen und definierbaren Gruppen, Ursachen beziehungsweise Schuldige für eine Situation zu suchen anstatt nach Ansätzen für eine Verbesserung. Diese Ansätze lassen sich in offenen Diskussionen miteinander finden, ohne daß man aufgrund repräsentativer Zahlen Vorurteile hat über sein Gegenüber.

Repräsentative Standarderhebungen ohne vorherige Intensivinterviews haben aber noch einen anderen Nachteil. Es gibt prinzipiell in jedem Unternehmen zunächst einmal eine Vielzahl von Feldern, in denen Probleme auftreten können, so daß man zum Beispiel mehrere Aspekte der Arbeits- und Führungssituation abfragen müßte (Mitwirkungsmöglichkeit an Entscheidungen, Einsatz nach Kenntnissen und Neigungen, Vielseitigkeit der Tätigkeit ...), mehrere Aspekte der Organisation (Abläufe, Koordination), der Zielklarheit, der sozialen Beziehungen usw. Da eben prinzipiell alles denkbar ist, muß man durch Vorgespräche klären, was für dieses spezielle Unternehmen in Betracht kommt, wenn der Fragebogen nicht einen solchen Umfang annehmen soll, daß er den zu Befragenden davon abhält, ihn überhaupt anzusehen.

Man muß erkennbare Defizite auf ihre Ursachen, auf Schlüsselfaktoren zurückführen. Diese sind nur in Intensivgesprächen mit Führungskräften und Mitarbeitern zu „erfahren", aus dem Abgleich der Äußerungen, aus dem Abgleich der Äußerungen beider mit Äußerungen externer Personen, die mit dem Unternehmen ihre Erfahrungen gemacht haben.

Der Nebeneffekt, wenn ein bis drei Berater aufgrund der zu führenden Gespräche sich längere Zeit im Unternehmen bewegen: Sie *beobachten* das Verhalten und *erleben* das Unternehmensklima.

Vision: Leuchtfeuer im Nebel operativer Hektik

Ob eine bestimmte Erscheinung ein Defizit ist, kann man nur am Ziel des Unternehmens messen. Langfristige Ziele sind – wie vorn gezeigt wurde – häufig unbekannt und/oder in ihrem Wert für den einzelnen, für den Fortbestand des Unternehmens wie auch für die Gesellschaft nicht definiert. „Das Aktuelle verdrängt das Langfristige" ist die vorn bereits zitierte Ausrede, wenn die Rede auf Langfrist-Zielsetzung kommt – eine Koketterie mit der eigenen Unzulänglichkeit.

Heute taucht immer häufiger der Begriff Vision auf, wenn es um Themen wie Unternehmensziel und Mitarbeitermotivation geht, um Identifikation mit dem Unternehmen, um Überlebensstrategien, und damit – naheliegend – spielt er auch zunehmend in der Politik eine Rolle. Was an Bedeutung gewinnt, findet in gleichem Maße auch Ablehnung. Was ist nun dran an diesem Begriff?

Der Wunsch nach einer Vision ist Reaktion auf zunehmenden Dissens. Definitionen des Begriffs Vision in Duden und Lexikon gehen in Richtung „optische Halluzination", „Zukunftstraum", „Trugbild" und werden so der eigentlichen Bedeutung nicht gerecht. Sie sind Mit-Ursache, wenn Manager als „Menschen der Tat" die Vision als ein Modewort abtun, das von der Welle neuer Religiosität nach oben geschwemmt wurde, gleichsam Ausdruck einer „Sehnsucht nach Kult und Mystik", die heute immer weitere Kreise zieht. Dabei ist der Gedanke gar nicht so schlecht: Wie dem Run auf Religiosität liegen auch der Verwendung des Begriffs Vision Erfahrungen mit den Folgen der schnell wachsenden, technologisch geprägten Handlungsfreiheit zugrunde, die immer mehr Dissens und immer höhere Kosten zur Erhaltung der bloßen Existenz erzeugen.

Die Vorgehensweise

Und das alles nur, weil Manager nicht – so die Übersetzung des Duden für Visionär – „Geisterseher, Schwärmer" sein wollen? Offensichtlich. Dabei ist an den historischen Visionären nichts Negatives, es sind gute Beispiele für gelungene Motivation.

Da ist Moses mit seiner Vision vom „gelobten Land". Eindrucksvoll beschreibt das Alte Testament die einigende Macht der Vision auf das Volk Israel, das alle Strapazen auf sich nahm und belohnt wurde. Oder im Neuen Testament: „Ich sehe den Himmel offen ..." – ein „Gesicht", das die Erfüllung im Jenseits verspricht wie viele andere Heilslehren. Auch hier eine einigende Macht, duldende, missionierende, schöpferische Menschen über Jahrtausende, eine Prägung weit über das Abendland hinaus.

Es ist deutlich, daß Visionen Massen lenkbar machen. Da waren Marx und Lenin und ihr „Paradies auf Erden" – die Vision hat ein Jahrhundert geprägt, Völker der verschiedensten – wie wir jetzt sehen: offensichtlich immer noch unvereinbaren – Kulturen zusammengehalten.

Dieser und anderen Visionen ist gemeinsam:

▶ Sie sind geboren aus der Kenntnis von Mangelzuständen und ihrer negativen Wirkung auf die Zukunft, somit Ausdruck einer besonderen Intelligenz. „Ike" Eisenhower soll einmal gesagt haben: „Kein weiser oder tapferer Mann legt sich auf die Schienen und wartet, daß der Zug der Zukunft ihn überfährt."

▶ Sie nutzen tiefe Sehnsüchte des Menschen und haben daraus ihre suggestive verpflichtende Wirkung auf Massen – also auf die Ansammlung von Individuen mit ihren vielfältigen Interessen: Sie machen sie lenkbar, indem sie den Weg zur Erfüllung weisen oder ihn suchen lassen.

▶ Sie sind mit wenigen Worten vermittelbar.

Die Vision ist somit ein Führungsinstrument. Seinen Wert macht uns die Vision vom Kommunismus besonders deutlich: keine Vision – kein Zusammenhalt; nicht gemeinsamer Marsch auf ein Ziel, sondern „Weg-Freiheit" für den einzelnen, und das nicht als erstrebenswertes, erkämpfenswertes Gut, sondern als Geschenk. Die Völker fallen nicht nur auseinander, sondern übereinander her – das Makrobild eines Unternehmens, in dem sich jeder auf Kosten des anderen profiliert, aber nicht schätzend, daß er ihn braucht; das Bild eines Unternehmens, in dem als Stärke gesehen wird, daß viele verschiedenartige Zielrichtungen verfolgt werden können – solange die Erlöse über den Kosten liegen.

Was für Unternehmen gilt, das gilt natürlich auch für Staaten, für die Gesellschaft, es gilt für Manager wie für Politiker. Welches ist die derzeitige Vision der Deutschen? Europa? Gerade eben gehen Staatenbünde in die Brüche, erwacht überall auf der Welt engstirniger Nationalismus, und da baut jemand auf Europa? Von welchen Sehnsüchten soll diese Vision getragen werden, daß die Europäer ihr folgen wie einst die Israeliten dem Moses? Die Vision einer großen Völkergemeinschaft kann nicht falsch sein – aber haben sich die politischen Führer überlegt, worauf die Realisierung zu bauen ist? Für viele Deutsche jedenfalls war und scheint wieder die Vision vom wiedererstarkenden Deutschland attraktiv, nicht weil ihnen die Wiedervereinigung das Gefühl zurückgewonnener Identität gegeben hat – ob für weitsichtig und verantwortungsbewußt Denkende auch wünschenswert, ist eine andere Frage –, sondern auch aufgrund einer von vielen als Bedrohung empfundenen wirtschaftlichen Problemphase. Aber es reicht nicht, eine nationalistische Vision zu verteufeln: Man muß ihr etwas Erstrebenswertes entgegensetzen. Und da fehlt es.

Die Vorgehensweise

Das ist nicht überzeichnet. In Ermangelung gemeinschaftlicher Ziele obsiegt die Vision des einzelnen, die ihm mehr oder meist weniger bewußt ist. Und die Vision dessen, der in seiner Umwelt „gestalterisch" tätig wird, ist oft genug nur die des „carpe diem": Nimm, was Du kannst, und gibt es *hier* nichts mehr, dann gehe *dorthin*. Job-hopper, Hasardeure. Zurück bleiben im Unternehmen verstörte Mitarbeiter und im Staat – Politiker gehen ja kaum von allein – ein sich abwendendes Volk.

Natürlich gibt es Unternehmen, in denen Vorgesetzte und Mitarbeiter alt werden. Aber auch hier herrscht oft Routine anstelle von Begeisterung und Beklemmung statt Zuversicht. Die hehren Ziele Wachstum und Marktführerschaft kann nicht jeder erreichen, und bloße Bestandssicherung erscheint vielen wie das Bimmeln einer Totenglocke.

Was vermag da eine Vision? Alles ist aus historischen Beipsielen ableitbar: Sie spart Zeit und damit Kosten, weil nicht ewig Grundsatzdiskussionen geführt werden müssen; sie hebt die Motivation der Mitarbeiter durch Identifikation mit dem Unternehmen – Deckungsgleichheit mit Wertvorstellungen der Mitarbeiter vorausgesetzt. Und wie kommt man nun zu einer Vision?

Man sucht zuerst Klarheit über die Rolle, die man spielen will. Auch hier bietet sich eine Anleihe bei den Religionen an: Die Seher gehen in die Einsamkeit, fasten, führen einen Zustand herbei, den sie im Alltag nicht erreichen. Dann aber geschieht etwas ganz Einfaches, wie wir es besonders von jenen Naturvölkern wissen, bei denen die Vision zum Eintritt in die Erwachsenenwelt gehört: Die Jungen suchen Klarheit über ihre Identität und ihre Rolle in der Gemeinschaft, mehr nicht. Und wenn der Mensch nun danach lebt, wird ihn die Gemeinschaft mehr und mehr so sehen, wie es ihm die Vision gezeigt hat.

Wir müssen nicht in die Wüste gehen, um die Rolle, die „Kompetenz" des Unternehmens zu entdecken. Aber wir sollten raus aus dem Alltag, uns lösen von operativen Zwängen, und wenn es nur für zehn Minuten in einem Brainstorming ist, in dem man nicht spinnen darf, sondern soll. Und die oberste Hierarchiestufe im Unternehmen sollte so etwas nicht delegieren, auch auf die Gefahr hin, daß sich bei solchen Veranstaltungen gelegentlich der oberste Boß tatsächlich als der „größte Spinner" erweist – nachrufen wird man ihm dereinst, er sei ein Mensch „mit visionärer Kraft" gewesen. Er wäre in guter Gesellschaft. Dieses Attribut gab man Leuten wie Henry Ford, Siemens, Bennigsen-Förder ... Aber es gibt auch genug Beispiele, wo Visionen in Teamarbeit entwickelt und von breiter Überzeugung getragen sind, nicht von einem einzelnen, dem alle anderen ehrfürchtig hinterherlaufen.

Was macht man dann mit der Vision? Man macht „action". Das stellt an die Vision eine Anforderung: Sie muß realistisch sein. Das ist kein Widerspruch in sich, denn Vision ist eben kein Trugbild. Sie fasziniert, wenn sie Erstrebenswertes zum Gegenstand hat. Strebt man Utopia an, das Paradies auf Erden, dann mögen eben die Dummen – und man braucht sie nun mal wegen der „notwendigen Mehrheit" – eine Weile fasziniert sein; irgendwann merken auch sie, daß sie genarrt werden, und Spott, Aggression, Destruktivität stellen sich ein.

Der Maßstab für das Unmögliche aber ist individuell: Die Primaballerina-Vision einer Kurzbeinigen wird nun mal ebenso nicht relalisierbar sein wie die Vision eines Knallfrosch-Herstellers vom ewigen Silvester.

Wie nun sieht die „action" aus? Die Vision wird „heruntergebrochen", es werden Strategien entwickelt: Was müssen wir tun, um die Vision zu realisieren? Die Grundzüge legt man in Leitlinien fest. Möglichst alle Mitarbeiter sollten daran in angemessener Weise beteiligt sein, dann tragen auch alle die Zukunft mit. Als nächstes werden dann die Leitlinien „heruntergebrochen": Was fordern sie von diesem Bereich, was von jenem, was von mir selbst? Aktionspläne werden erarbeitet, das Unternehmen bekommt ein von der Vision geprägtes Profil.

Bei der Realisierung darf man sich nicht beschränken auf die Vermittlung des Gedankens durch das Wort: Worte sind Zeitverschwendung, das Vorbild überzeugt (frei nach Laotse). Allzu häufig wird übersehen, daß Vor-Bild und Vor-Gesetzter etwas Gemeinsames haben. Gehört die Vision an sich schon zu dem auf Gefühl bauenden Weg 2 der Verhaltensbeeinflussung (siehe vorn: gefühlsmäßige Identifikation mit Werten), so erfüllt sie ihre volle Bedeutung erst durch das sichtbare Verhalten als vorgelebte Konsequenz aus ihr.

Und dann gilt nur noch eines: die Fortschritte deutlich machen zur Erhaltung des Engagements und immer wieder prüfen, ob das Ziel oder der Weg korrigiert werden muß, ob die Vison noch die orientierende Funktion des Leuchtfeuers hat, auf das man sich zubewegt.

Kommunikationsmatrix: SOLL-Bestimmung nach Zielgruppen

Der Begriff Kommunikationsmatrix faßt Methode und Produkt zusammen und beinhaltet einen Weg zu Konsens und zu kontrolliert wirksamer interner wie externer Kommunikation.

Die Methode dient dem Konsens unter den Führungskräften: auf rationaler Ebene über Ziele und Selbstverständnis des Unternehmens, über Defizite und Handlungsbedarf, über Strategien. Aber sie dient auch auf emotionaler Ebene: Manche Führungskräfte lernen sich in diesen Diskussionen zum ersten Mal „richtig kennen", bauen Vorurteile ab, legen den Grundstein für eine bessere Zusammenarbeit und für das Erkennen und Nutzen von Synergien.

Kommunikationsdefizite nachweisen und bewußtmachen heißt Handlungsbedarf bewußtmachen. Was aber ist zu tun, wenn man Kommunikationsdefizite erkannt hat? Patentrezepte gibt es nicht: In jedem Unternehmen sind die Bedingungen anders. Und außerdem: Jedes „Instrument" ist nur so gut, wie der, der damit umgeht, es zuläßt.

Genau daraus ergibt sich eine Grundforderung an die Weiterarbeit: Die Belegschaft – und da zählen alle dazu! – muß befähigt werden, die diversen Möglichkeiten der Kommunikation zu nutzen. Es wird also in keinem Fall genügen, eine Mitarbeiterzeitung zu kreieren, eine bunte Unternehmensbroschüre zu drucken, jedem ein Leitbild in die Hand zu drücken. Damit sich etwas zum Guten ändert, ist nicht nur viel Einsatz irgendeiner Gruppe notwendig, sondern vor allem der gemeinsame Wille aller im Unternehmen. Und der muß mit geeigneten Methoden nach und nach aufgebaut werden.

Wie die Kommunikationsmatrix entsteht, ist schon angedeutet: Sie wird von den Führungskräften in Workshops erarbeitet. Damit aber eine ehrliche Auseinandersetzung mit der IST-Situation stattfindet und das Ergebnis auch nicht darunter leidet, daß sich jemand hinter seiner spezifischen „Erfahrung" zurückziehen und Änderungen blockieren kann, geht den Workshops eine Recherche durch die Berater und späteren Workshop-Moderatoren voraus (siehe unter „Offenheit: IST-Analyse"): In einer Reihe von „Gesprächen unter vier Augen" mit Führungskräften, aber auch mit Mitarbeitern und externen Partnern (Kunden, Lieferanten, eventuell Eigentümern ...) werden das Selbst- und Fremdbild des Unternehmens erfaßt und vorhandene Kommunikationsdefizite aufgedeckt.

So werden Vermutungen bestätigt, Gründe für Mißstände gefunden, etwa eine gravierende Zielunklarheit unter Führungskräften – was gar nicht selten ist: Man verschanzt sich hinter der „ordnungsgemäßen Abwicklung" von Aufgaben, versteht aber selbst nicht den Sinn und stellt auch keine Fragen – aus Angst, für blöd gehalten zu werden. Oft aber ist die „blöde" Frage eines einzigen der Anfang einer intelligenten Entwicklung des gesamten Unternehmens.

Ausgangsbasis sind die festgestellten Defizite in der Kommunikation mit den diversen Zielgruppen. Ein Unternehmen hat viele Zielgruppen: Zielgruppen sind natürlich die Kunden, aber auch die Mitarbeiter und Führungskräfte, die Lieferanten, die Geldgeber, einige Verbände, die Kommune, das Land, die Familien der Mitarbeiter usw. Die Kommunikationsprobleme sind je nach Zielgruppe unterschiedlich. Denn ein Unternehmen verfolgt bei seinen Zielgruppen unterschiedliche Ziele, aber auch die einzelnen Zielgruppen haben unterschiedliche Interessen.

Es wurde gesagt, daß es keine Standardlösungen für die Kommunikationsprobleme eines Unternehmens gibt. Aber es gibt Fragen zu einem Lösungsansatz, die Standard sind (siehe Abbildung 12).

Zielgruppe	Kommunikations-probleme	Kommunikations-bedarf	Kommunikations-ziele	Kommunikations-botschaften	Maßnahmen
Ein Unternehmen hat viele Zielgruppen.	Die Kommunikations-probleme sind je nach Zielgruppe unterschiedlich.	Aus den festgestellten Kommunikations-defiziten ergibt sich der Kommunikationsbedarf	Der Bedarf ist Basis für die Festlegung der Kommuni-kationsziele.	Die Ziele führen zur Formulierung wesentlicher Botschaften.	Schließlich können Kommunikations-maßnahmen bestimmt werden.
Zielgruppen sind – natürlich die Kunden, aber auch – die Mitarbeiter – die Führungs-kräfte – die Lieferanten – die Geldgeber – einige Verbände – die Kommune, – das Land – die Familien der Mitarbeiter – usw.	Ein Unternehmen verfolgt bei seinen Zielgruppen unterschiedliche Ziele. Aber auch die einzelnen Zielgruppen haben unterschiedliche Interessen. Daher lautet die Frage: Was wissen die verschiedenen Zielgruppen über Ihr Unternehmen, und was sollen sie wirklich wissen? Und welche Auswirkungen haben eventuelle Defizite der Information bzw. Kommunikation auf die Entwicklung Ihres Umsatzes oder Ihres Ertrags?	Welcher Informations- und Kommunikations-bedarf ergibt sich aus der Diskrepanz zwischen Ziel und Defizit? Welcher Bedarf ist zielgruppenübergreifend? Welcher Bedarf ist zielgruppenspezifisch?	Welche Ziele sollten generell und welche zielgruppen-spezifisch verfolgt werden? Was soll bis wann erreicht werden?	Welche Botschaften müssen zielgruppen-übergreifend, welche ziel-gruppenspezifisch übermittelt werden, um erkannte Defizite abzubauen und die Ziele zu erreichen?	Welcher Bedarf und welche Ziele legen welche Maßnahmen nahe? Mit Hilfe welcher Maßnahmen sollen die Botschaften transportiert werden? Welche Kosten entstehen dabei, und welche Prioritäten sind zu setzen? Stehen Aufwand und erzielbares Ergebnis in einem sinnvollen Verhältnis zueinander?

Abbildung 12: Grundschema der Kommunikationsmatrix

Die Vorgehensweise

Zielgruppe	Kommunikationsprobleme	Kommunikationsbedarf	Kommunikationsziel	Botschaften
Mitarbeiter	Fehlen gemeinsamer Überzeugungen von Sinn und Wert der einzelnen Tätigkeiten	Verständnis für die ... als Ganzes verbessern	Identifikation der Mitarbeiter mit der gesamten Aufgabenbreite der ...	Wir sind ...
	Gefühl nicht ausreichender Information über Ziele, aktuelle Geschehnisse, Zusammenhänge und Erfolge sowie über Tätigkeiten der jeweils anderen Bereiche	Gesamtkompetenz definieren und vermitteln	ein bereichsübergreifendes Zuammengehörigkeitsgefühl (Wir-Gefühl) und Know-how-Bewußtsein	Unsere geschäftspolitischen Ziele ...
		Erlebnis von Gemeinsamkeit ermöglichen		Unsere Stärken ...
	Ziel-Unklarheit	Ziele definieren	Identifikation der Mitarbeiter mit den gemeinsamen Zielen	Das fordert von uns ...
	mangelndes Verständnis zwischen den drei Bereichen, Auseinanderdriften der Kulturen und Selbstwertgefühle	Transparenz schaffen durch offene Information über Aufgaben, Ziele, Zusammenhänge und Erfolge bzw. Ergebnisse	Erkennen der Aufgaben und Abhängigkeiten verschiedener Institutionen, mit denen die ... zusammenarbeitet	
	auf unteren Ebenen teilweise Unkenntnis und daher mangelndes Verständnis für die politischen Belange und Zielsetzungen der Auftraggeber	Informationsweitergabe organisieren	Erkennen und Ausschöpfen der Synergiepotentiale	
		Selbstwertdefizite zwischen den Bereichen ausgleichen	Fortsetzung und Verstärkung der Entwicklung hin zur „lernenden", wandlungsfähigen Organisation, das heißt auch Verbesserung der systematischen Weiterbildung	
	Unkenntnis von den Synergiemöglichkeiten	Bereichsbeiträge zum Gesamterfolg der ... darstellen		

Abbildung 13.1: Kommunikationsmatrix – Auszug aus einem Praxisbeispiel

Zielgruppe	Kommunikationsprobleme	Kommunikationsbedarf	Kommunikationsziel	Botschaften
Mitarbeiter	Blockade von Synergien aufgrund von Machtstreben mangelnde Ausschöpfung von Mitarbeiter- bzw. Innovationspotentialen	Funktionen von ... und ihren Partnern in der politischen Aufgabenwahrnehmung deutlich machen	Know-how-Erweiterung durch Kenntnis aller Zielgruppen und der Tätigkeitserfolge	
Führungskräfte	(zusätzlich zu dem für die Mitarbeiter Gültigen:) mangelhafte Weitergabe von Zielen und Informationen etc.	Zusammenhänge erläutern und „Sinn" geben etc.	Konsens über Aufgaben und Ziele Sinnvermittlung an Mitarbeiter etc.	Das fordert von uns Führungskräften, unsere Grundsätze zur Führung und Zusammenarbeit einzuhalten und Information und Kommunikation als Führungsinstrument anzuerkennen, das heißt ... etc.
etc.	etc.			

Abbildung 13.2: Kommunikationsmatrix – Auszug aus einem Praxisbeispiel (Fortsetzung)

Die Vorgehensweise

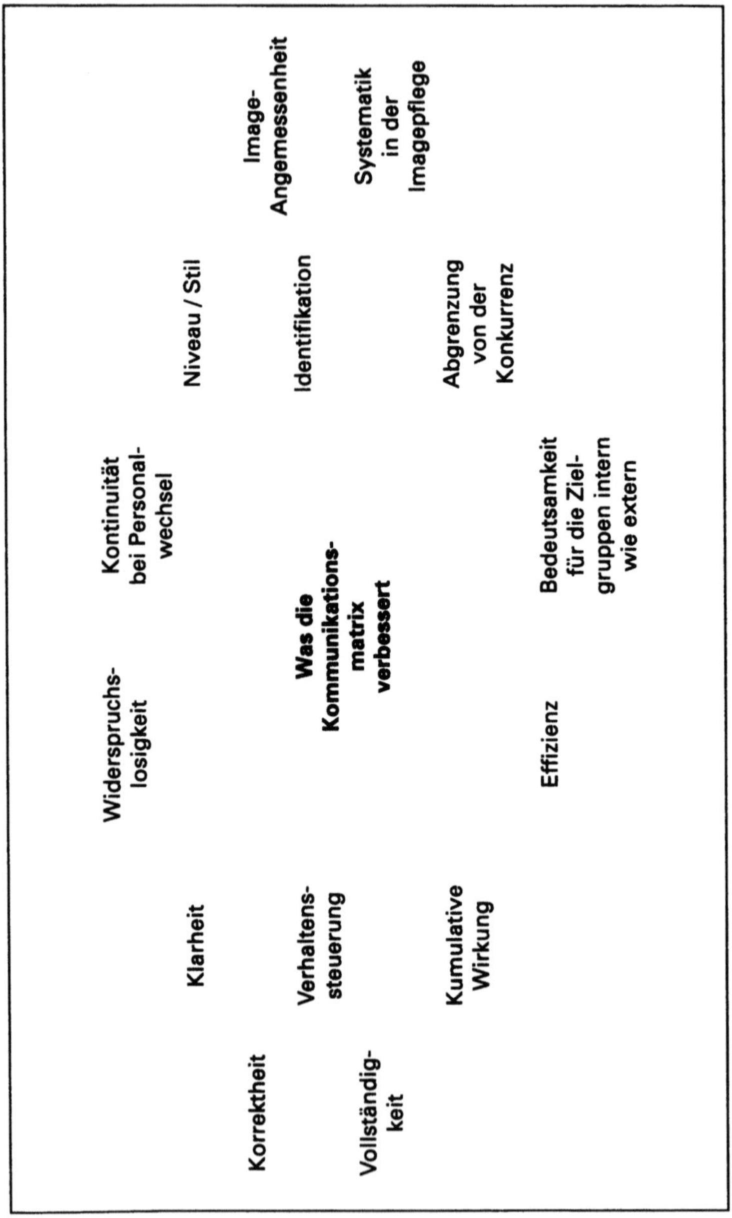

Was die Kommunikationsmatrix verbessert

- Korrektheit
- Vollständigkeit
- Klarheit
- Verhaltenssteuerung
- Widerspruchslosigkeit
- Kontinuität bei Personalwechsel
- Niveau / Stil
- Identifikation
- Image-Angemessenheit
- Kumulative Wirkung
- Effizienz
- Bedeutsamkeit für die Zielgruppen intern wie extern
- Abgrenzung von der Konkurrenz
- Systematik in der Imagepflege

Abbildung 14: Kommunikationsmatrix – ihr hoher Einfluß auf die Produktivität der Unternehmenskommunikation

Wege zur Verbesserung der Unternehmenskommunikation

Ausgangspunkt ist die Frage: Was wissen die Zielgruppen über das Unternehmen, und was sollten sie wissen? Welcher Bedarf ergibt sich daraus? Der Bedarf ist einmal Basis für die Formulierung von Botschaften, die zu vermitteln sind: Was will das Unternehmen vermitteln – allen, die mit ihm Kontakt haben, und was nur besonderen Gruppen?

Die Arbeit an den Botschaften zeigt oft denen, die daran beteiligt sind, wie weit sie von einem Konsens über Ziele und Fähigkeiten des Unternehmens (seine Kompetenz) entfernt sind. Die Arbeit dauert lange, aber sie lohnt. Das Ergebnis ist nicht nur Konsens und „Wir-Gefühl" bei denen, die es geschaffen haben, sondern ein wesentlicher Beitrag zur Produktivität der Unternehmenskommunikation (Abbildung 14). Überdies können Teile daraus ins Leitbild übernommen werden (hierzu später). Der Bedarf ist auch Basis für die Maßnahmen, die zu ergreifen sind. Maßnahmen für die externe Kommunikation zum Beispiel werden dann nicht „kreativ aus dem Bauch" entwickelt, sondern in einem rational vorgegebenen Rahmen. Das schränkt die Kreativität nicht ein, es hilft ihr vielmehr, von tatsächlichem Nutzen zu sein.

Die Fragen, die vorher zu beantworten sind, können lauten:

▶ Was will ich im Markt kurz, mittel und langfristig erreichen (zum Beispiel Bekanntheit erhöhen, Image verbessern, Marktanteil erhöhen)?

▶ An welche Zielgruppen wende ich mich, welches sind ihre Merkmale, Ansprüche/Bedürfnisse?

▶ An wem komme ich dabei von seiner Funktion her nicht vorbei? Wessen „Gewicht" (Publizität) kann ich mir zunutze machen?

▶ Auf welchem Weg, über welche Medien erreiche ich die Zielgruppen am wirksamsten und kostengünstigsten?

Die Vorgehensweise

- ▶ Wie mache ich meine Angebote unterscheidbar und zugleich attraktiv im Umfeld unübersichtlicher Konkurrenzangebote?
- ▶ Was versetzt mich in die Lage, attraktiven Angeboten noch eine zusätzliche, zeitlich befristete Attraktivität aufzusetzen?
- ▶ Welche sich anbietenden Organisationen sind in ihrer Imagestruktur mit meinem Image verträglich?
- ▶ Wie sichere ich, daß mein eigener Anspruch (Kompetenz!) in den jeweiligen Aktivitäten ohne geistige Akrobatik erkennbar bleibt?
- ▶ Und schließlich unbedingt: Woran werde ich erkennen, ob meine Aktionen erfolgreich oder ein Schlag ins Wasser waren?

Für die intern zu ergreifenden Maßnahmen gilt das gleiche. Die Matrixarbeit geht von festgestellten – oder zu vermeidenden – Problemen in der Kommunikation aus, anhand derer der Bedarf definiert wird: Die Wahl der Maßnahmen ist abhängig von ihrer Eignung zur Erreichung der Kommunikationsziele. Und hier ist auch die Basis für oder gegen eine Veränderung von Logo beziehungsweise Stilelementen des Unternehmens-Erscheinungsbildes.

Nur wer klare Ziele hat, kann hinterher erkennen, ob er Erfolg hatte. Was immer wieder gleichsam als Standarddefizit auftritt, ist die Zielunklarheit, woraus sich dann als Ziel für Kommunikationsbemühungen die Umkehrung in Zielklarheit ergibt. Es sind aber oft spezielle Situationen des Unternehmens, etwa eine Fusion, die klare, von solchen Standards abweichende Zielsetzungen verlangen.

Die Abbildungen 15, 16 und 17 zeigen an einem Beispiel, wie systematisch und daher auch nachvollziehbar nicht nur die notwendigen Maßnahmen bestimmt werden können, sondern wie damit auch zugleich ihre Zielsetzung vorgegeben wird.

Hier ist die Ausgangsfrage: Welches Bedarfsfeld kann mit welcher – bereits vorhandenen oder neu zu schaffenden – Maßnahme abgedeckt werden? Die Entscheidung, ob die eine oder andere Maßnahme realisiert wird, hängt davon ab, wie viele Bedarfsfelder sie abdeckt, ob eine andere Maßnahmen das eventuell besser kann oder auch, ob nur sie allein geeignet ist, einen wesentlichen Bedarf zu decken. Und die Entscheidung für eine Maßnahme hängt auch davon ab, welche Zielgruppen mit ihr zu erreichen sind. Fällt die Entscheidung dann für eine Maßnahme, so geben die abgedeckten Bedarfsfelder (Abbildung 15) und die erreichten Zielgruppen (Abbildung 17) zugleich den Rahmen für die Konzeption der Maßnahme.

Abschließend hier noch eine Bemerkung zur Methode „Workshop". Der Wert von Workshops für das Klima im Unternehmen ist unschätzbar. Ein schönes Beispiel lieferte ein Unternehmen, in dem wie in vielen Unternehmen Geschäftsleitung und Belegschaft auf Distanz gehen, wo aber jeder spürt, daß er es anders lieber hätte. Die Mitarbeiter sagten dort vor allem von dem einen Vorstandsmitglied: „Der guckt immer weg und sieht so griesgrämig aus." Und der beklagte Vorstand beklagte sich über die Mitarbeiter: „Manche grüßen nicht mal!" Fast normal, wir kennen das von vielen Unternehmen, wo „die grauen Eminenzen" verstört aus dem Aufzug kommen: „Ich dachte schon, ich bin im falschen Unternehmen: Es grüßt mich keiner." Selbst zu grüßen, fällt ihnen nicht ein.

In diesem Unternehmen sagte einer der Mitarbeiter, der sich zuvor beklagt hatte, nach einem gemeinsamen Workshop mit diesem Vorstand: „Daß man mit dem so locker und offen reden kann, hätte ich nie gedacht." Und der Vorstand: „Die Leute haben ganz vernünftige Ansichten, da steckt Potential drin."

Die Vorgehensweise

Bedarf (entnommen der Kommunikationsmatrix)	Maßnahmen und Informationsträger, die den Bedarf abdecken						
	MAZ	Gbm	UnB	TrB	GBe	Ape	etc.
Ziele definieren							
Transparenz schaffen durch offene Information							
Gesamtkompetenz definieren und vermitteln							
Zusammenhänge erläutern und „Sinn" geben							
Informationsweitergabe organisieren							
Verständnis für die ... als Ganzes verbessern							
Selbstwertdefizite zwischen den Bereichen ausgleichen							
Verständnis wecken für Zielvermittlung und Kommunikation							
Erlebnis von Gemeinsamkeit ermöglichen							
Bereichsbeiträge zum Gesamterfolg der ... darstellen							
Funktionen von ... und ihren Partnern deutlich machen							
Synergiepotentiale deutlich machen							
Mitarbeiter- beziehungsweise Innovationspotentiale aufzeigen							
die Notwendigkeit der Vorbildfunktion verständlich machen							

Abbildung 15.1: Bestimmung von Maßnahmen (Fortführung des Beispiels aus Abbildung 13)

Bedarf (entnommen der Kommunikationsmatrix)	Maßnahmen und Informationsträger, die den Bedarf abdecken						
	MAZ	Gbm	UnB	TrB	GBe	Ape	etc.
Fähigkeit zum Dialog und zur Selbstkritik beweisen	■						
Meinungsaustausch pflegen	■						
zielgruppengerecht informieren über Programme/Angebote			■				
die Sonderstellung und Nutzen für ... verdeutlichen							
Anerkennung und Nutzung als Informationsquelle		■			■		
Synergien in ... deutlich machen			■				
Anspruch der Öffentlichkeit auf Informationen befriedigen					■	■	
den Auftritt der tatsächlichen Dynamik anpassen							
Transparenz über Abläufe, Handlungsmaßstäbe ... schaffen				■	■		
Überzeugung schaffen, daß ... hier besser angesiedelt ist							
Zufriedenheit durch Information und Einholen von Know-how							
Überzeugung, daß ... die Arbeit vor Ort im Griff hat							

MAZ Mitarbeiterzeitung TrB Trainee-Broschüre
Gbm Großbildmonitor GBe Geschäftsbericht
UnB Unternehmensbroschüre Ape Personalanzeige

Abbildung 15.2: Bestimmung von Maßnahmen (Fortführung des Beispiels aus Abbildung 13)

Die Vorgehensweise

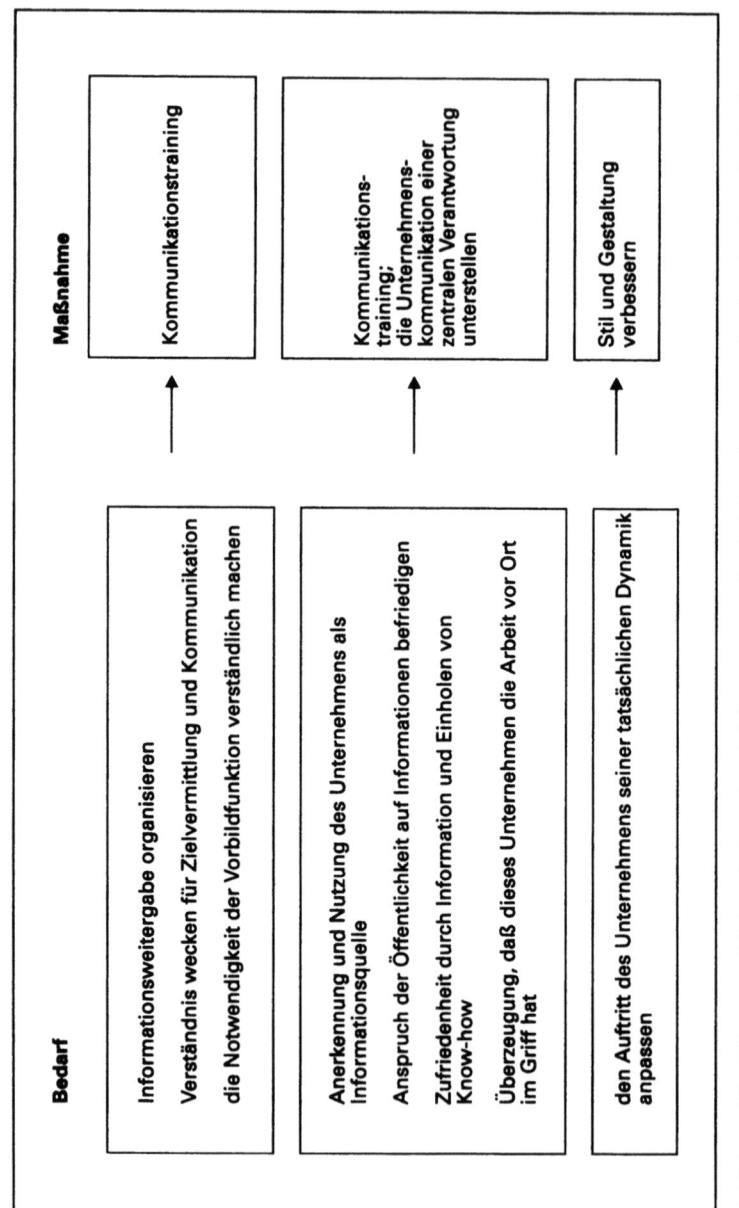

Abbildung 16: Was geschieht mit dem durch Informationsmittel nicht oder zu wenig abgedeckten Bedarf? (vgl. Abbildung 15)

Maßnahmen, die den Bedarf abdecken	Zielgruppen									
	Mitarbeiter	Führungskräfte	Partnergruppe 1	Partnergruppe 2	Partnergruppe 3	Partnergruppe 4	Partnergruppe 5	Redaktionen	Öffentlichkeit	Arbeitsmarkt
intern mit aktuellem Charakter										
– Mitarbeiterzeitschrift	■	■		?		?				
– schwarzes Brett	■	■								
– Infoscreen/Großbildmonitor	■	■								
Geschäftsbericht				■	○					
Broschüren										
– Leitbild-Broschüre	■	■								
– Unternehmensbroschüre			■	■	■	■	■	■	■	■
– Traineebroschüre										
– Bereichsbroschüren					○	○	○		○	○
– Produkt- und Leistungsbroschüren					○	○	○			

Abbildung 17.1: Von den Maßnahmen erreichte Zielgruppen

Maßnahmen, die den Bedarf abdecken	Zielgruppen									
	Mitarbeiter	Führungskräfte	Partnergruppe 1	Partnergruppe 2	Partnergruppe 3	Partnergruppe 4	Partnergruppe 5	Redaktionen	Öffentlichkeit	Arbeitsmarkt
Anzeigen										
– Produktanzeigen				■					■	
– Personalanzeige		■			■	■				■
– Bilanzanzeige				■	■	■			■	
– Imageanzeige		■			■	■	■		■	■
Pressearbeit										
– Pressemeldungen und Stellungnahmen								■	■	
– Pressespiegel			■	?						
etc.										

■ angepeilte Zielgruppen   ▢ Besucher
○ je nach Bedarf   ? Einbeziehen besonders wichtiger Stellen/Personen

Abbildung 17.2: Von den Maßnahmen erreichte Zielgruppen

Die Konzeption von Maßnahmen mit Initialwirkung

Maßnahmen mit Initialwirkung werden auf Basis der „generellen", also weitgehend allen Zielgruppen zu überbringenden Botschaften entwickelt, aber mit unterschiedlicher Funktion. Generelle Botschaften sind Informationen beziehungsweise Signale, die bei allen Zielgruppen ein Image begründen und pflegen sollen, das den Kern des Unternehmensselbstverständnisses widerspiegelt. Was das heißt, wird in den folgenden Abschnitten erläutert.

Die Kompetenzaussage: profilierend und motivierend

Eine profilierende und motivierende Aussage ist nichts Neues. „Bete und arbeite" schrieb der heilige Benedikt über alle seine Regeln für das mönchische Zusammenleben. Und Ignatius von Loyola wollte „Alles zur größeren Ehre Gottes" getan wissen. Zwei Leitsprüche, zwei Charaktere, zwei völlig unterschiedliche Ordensprofile: Hier der friedfertige, dort der kämpferische, für Gott streitende Orden. Losungen, die ordensintern bis heute als Maximen lebendig geblieben sind und darum von jedem Orden nach außen ein anderes Bild geprägt, andere Erwartungen und auch Vorurteile aufgebaut haben: Die Kompetenz der Jesuiten wird in Geistesschärfe, in aggressiver Intellektualität gesehen, die der Benediktiner in Gastfreundlichkeit und demütigem Dienst am Menschen.

Kompetenz definiert der Duden als „Zuständigkeit, Beherrschung eines Sachgebiets". Welche „magische" Wirkung aber von einer gelebten Kompetenz ausgeht, zeigen die Ordensbeispiele. Vielleicht können wir auch – ohne sklavischem Gehorsam das Wort zu reden – das Bild der Landsknechte aktualisieren: Was mögen sie gefühlt haben, wenn ihr Banner hochging? Alle Sinne waren nur auf ein einziges Ziel gerichtet:

kämpfen und überleben – eine eindeutige Motivation. Und welche Genugtuung mögen sie in solcher Situation empfunden haben, wenn sie neben sich die Banner der Hohensteins oder Aspergers sahen, die einen vielleicht berühmt fürs Hauen, die anderen fürs Stechen? Jedenfalls konnte man von denen etwas erwarten, sich auf sie verlassen. Ein Banner war Symbol für Kompetenz, es unterschied die einen von den anderen.

Auf die Unternehmenskommunikation übertragen heißt das: Ein Unternehmen ist, um Profil zu gewinnen, als sympathische „Persönlichkeit" mit „Charaktereigenschaften" zu positionieren – aber mit Eigenschaften, die für die relevanten Zielgruppen von Bedeutung sind. So haben die Größe und die Fortschrittlichkeit eines Unternehmens – Begriffe aus Standardpolaritätsprofilen repräsentativer Imageerhebungen – zum Beissspiel auf die Kaufentscheidung für Butter und Käse mit Sicherheit keine Auswirkung.

Charaktereigenschaften eines Unternehmens müssen für die Zielgruppen einen Nutzen beinhalten, den die Konkurrenz nicht oder jedenfalls nicht explizit erbringt. Und wenn heute innovative Produkte nicht lange ohne Nachahmung bleiben und bald austauschbar sind mit den Angeboten der Konkurrenz, dann ist die unverwechselbare Leistung eben in etwas anderem zu suchen: in der Art und Weise, *wie* sie erbracht wird. Manch älteres Unternehmen hatte eine Zeitlang einen Bonus für seine Produkte, indem es deren Herkunft herausstellte: aus dem Hause Henkel, aus dem Hause Oetker … Aber diesen Bonus haben viele verspielt durch eine auf Scheinkonkurrenz bauende Produkt- und Werbepolitik.

Wie sieht so etwas dann praktisch aus? MAN etwa stellt unter anderem Nutzfahrzeuge her, was noch einige andere machen. Aber MAN sagte von sich: „Wirtschaftlichkeit ist unser Konzept". Damit verdeutlichte MAN die Alleinstellung eines Nutzfahrzeug-Herstellers, der sich voll auf die konsequente Wirtschaftlichkeit ganzer Fuhrparks konzentriert. Ein rekordverdächtiger Umsatz- und Gewinnzuwachs innerhalb kürzester Zeit war seinerzeit die Folge.

Andere Unternehmen, die sich unter einem gelebten Kompetenzanspruch ihr unverwechselbares Profil geben, sind zum Beispiel Endress + Hauser („Unser Maßstab ist die Praxis"), Audi („Vorsprung durch Technik"), Braas („Alles gut bedacht").

Die explizite Kompetenz ist „lebendig" zu halten und an jede Begegnung der Zielgruppen mit dem Unternehmen zu koppeln, so daß er möglichst bald für sich allein gestellt nur an dieses eine Unternehmen und seine Leistung denken läßt. So denken heute nicht nur Fachleute an Zumtobel, wenn sie „Überlegene Lichttechnik" hören. Dieses österreichische Unternehmen setzte sich mit seinem sicher gewagten Anspruch vor einem Jahrzehnt unter Zugzwang und überholte durch konsequente Verwirklichung der Idee deutlich seine Konkurrenten.

Die Kreissparkasse München wandelte sich von einem Unternehmen, in dem Einzelkämpfer zunehmend prägenden Einfluß hatten, zu einer an Unternehmensziel und Kundennutzen orientiert und engagiert arbeitenden Mannschaft. In der Analyse hatte man festgestellt: Die Leute haben Ideen, und die Kunden (von Banken generell) erwarten Ideen, aber solche, die sich nicht im Übertreffen an Unübersichtlichkeit der Konditionen äußern. Und sie erwarten Engagement für die Lösung ihres Problems. Da das Engagement in diesem Institut aufgrund struktureller Bedingungen und durch das Image der Großbanken gebremst war, bot es sich geradezu an, die „Losung" auszugeben „Mit Ideen und Engagement". Sie sollte versprechen und zugleich dazu verpflichten, die Bedingungen zum Einhalten des Versprechens zu schaffen und ständig zu verbessern.

Es wird eben nach etwas gesucht, das die Funktion eines Banners hat: weithin sichtbar für die eigene Mannschaft und „die anderen" – aber nur, wenn man es hochhält. Und nur wenn man es hochhält, wirkt es motivierend: direkt, weil es stolz macht und das Ziel zeigt; indirekt über das Versprechen, das man nach draußen gibt und das nun eingefordert werden kann.

Es ist oft zu lesen, Kompetenz sei nicht meßbar und diene folglich auch nicht als Maßstab. Natürlich nicht, wenn sie anonym ist, wenn ein Unternehmen Rumpelstilzchen spielt. Aber wenn sie formuliert und als Anspruch vor sich hergetragen wird, wird sie zum Maßstab für jede Begegnung mit dem Unternehmen, sei es in der Leistung, im Verhalten oder im Erscheinungsbild.

Nach innen ist die Kompetenzaussage somit ein Mittel, um aus internen Konkurrenten ein Team zu machen und Synergien zu erzielen. Sie ist orientierende und motivierende Maxime, ist Verhaltensmaßstab für Mitarbeiter und Management. Nach außen vermittelt sie das Anspruchsniveau und das Selbstbewußtsein des Unternehmens und schafft die Abgrenzung zur Konkurrenz.

Da ist das Beispiel Ferngas Nordbayern. Vom Markt wurde die FGN als technik-orientiert und zuverlässig, aber auch als „unbeweglich" angesehen. Intern war Irritation entstanden als Auswirkung des Wechsels aus der Aufbruchphase mit einer klaren Vision (ein dichtes Versorgungsnetz verlegen und die Anschlüsse zuverlässig beliefern) in die Vorphase der Marktsättigung und einer sich abzeichnenden Konkurrenz. Das heißt, nicht nur im Unternehmen selbst vollzog sich eine Veränderung, auch auf dem Erdgasmarkt zeigte sich ein Wetterleuchten. Es war notwendig, die Vision neu zu formulieren und mit einem Kompetenzanspruch die Unverzichtbarkeit der FGN zu begründen. Mit der Formulierung „mit Energie zuverlässig für Sie da" schaffte die FGN den Wandel zu einem Unternehmen mit demonstrativer Kundenorientierung.

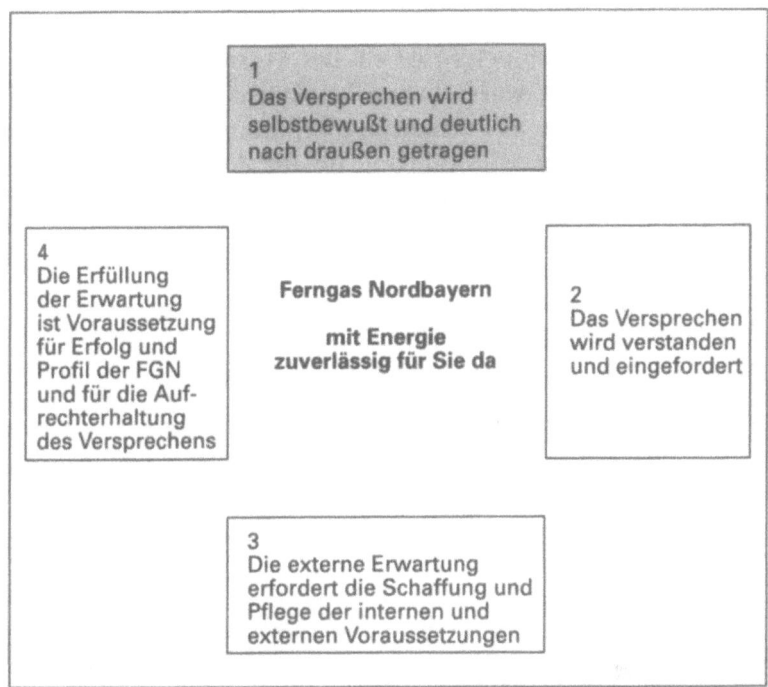

Abbildung 18: Wirkungskreis der Kompetenzaussage am Beispiel Ferngas Nordbayern

Dies ist im übrigen ein Beispiel für die Inhaltsvielfalt, die mit der Formulierung einer Kompetenzaussage anzustreben ist. Wir fragen: Was kann der Kunde aufgrund der Aussage erwarten, und welche Konsequenzen folgen daraus für das Unternehmen, für die einzelne Abteilung, für jeden einzelnen Mitarbeiter?

Das Zusammenfügen von Begriffen mit „etablierter" Bedeutung erlaubt viele Antworten, die dem Unternehmen helfen, sein Verhalten, seine Leistung und damit sein unverwechselbares Profil zu verbessern und so seine Akzeptanz auf dem Markt zu erhöhen.

Aber Achtung: Kompetenz ist ein der Veränderung unterworfener Zustand der wesentlichen Leistungsfähigkeit eines Unternehmens (Wissens-, Könnens-, Erfahrungszustand); es ist folglich ständig zu kontrollieren, ob die Aussage das Selbstbewußtsein noch widergibt und dieses der Wirklichkeit entspricht.

Das Unternehmensleitbild: Konsens über „woher", „wohin" und „wie"

Erregt und – wegen des einsetzenden Gelächters – mit sich steigernder Stimme rief ein katholischer Religionslehrer in der Klassendebatte um Dogmen: „Da lass' mal einer einen fahren – ohne Wegweiser – bis nach Berlin – ob der wohl richtig ankommt?!"

Die Formulierung war freilich nicht glücklich, aber man erkennt den Gedanken: Dogmen als grob die Richtung weisende Pflöcke in der Landkarte katholischen Glaubens. Diese Pflöcke allerdings helfen in der Praxis weniger, eine Richtung zu weisen, als Richtungen zu sperren: Sie schränken das Zweifeln-Dürfen ein. Andererseits erspart sich die katholische Kirche dadurch Diskussionen, die in ihrer Vorstellung vermeintlich zu Lasten des „Glauben-Könnens" gehen.

Auch ein Leitbild soll der Vermeidung immer wiederkehrender Grundsatzdiskussionen dienen, indem es gemeinsame Überzeugungen zusammenführt. Diese haben jedoch nicht „ewige", sondern allenfalls langfristige Gültigkeit. Sie bilden einen Rahmen, der im operativen Alltagsgeschäft schnelle und sichere, vor allem aber im Unternehmensinteresse richtige Entscheidungen ermöglicht, also verhaltensbeeinflussend wirkt. Ein Leitbild ist Instrument der Koordination und Kontrolle, der Motivation, also der Führung schlechthin. Und natürlich hilft es auch bei strategischen Entscheidungen.

Ein Leitbild ist somit durchaus „Wegweiser". Aber mit der ursprünglichen Bedeutung des Wortes „leiten" (gleich „gehen oder fahren machen") verbindet sich die zweite Funktion des Leitbildes: etwas in Bewegung setzen, in Bewegung halten.

Viele der im Kapitel 2 („Beobachtungen im Alltag") geschilderten Situationen wären mit einem gelebten Leitbild nicht denkbar. Einige solcher Beispiele kurz zur Erinnerung: das Wachstum und die Unüberschaubarkeit als Folge; die organisatorische Trennung von Funktionen und ihre Verselbständigung mit der Folge, daß sie eigene Ziele verfolgen und Synergien unmöglich machen; oder Fusionen bringen unterschiedliche Kulturen zusammen, von denen keine „unterliegen" will mit der Folge von Selbstzerfleischung statt Marktorientierung.

Solche und ähnliche Mängel werden oft erst unter dem Schock bewußt, den Konkurrenzerfolge bewirken: Schnelligkeit und Effizienz werden als dringend notwendig empfunden, aber beides wird ausbleiben, wenn es für Entscheidungen kurz- und mittelfristiger Art keinen Grundkonsens gibt.

Als Auswege aus solchen Situationen, als Methoden zur Beeinflussung beziehungsweise Herbeiführung des gewünschten Verhaltens werden von Managern hauptsächlich angesehen:

▶ Vorbild sein (aber woran ausgerichtet, vor allem wenn das Management – von Dutzenden von Figuren verkörpert –

über unabhängig nebeneinander tätige Bereiche verteilt ist?);

- Führungsgrundsätze (da steht dann etwa, daß der Vorgesetzte Ziele und ihren Sinn vermitteln soll, aber oft fragt der Vorgesetzte selbst vergeblich nach langfristigem Sinn);
- ein einheitliches Erscheinungsbild („ab heute unter gleicher Fahne" mag ja zünden, aber die Sinnfrage ist damit nicht beantwortet, also wird es allenfalls ein Strohfeuer).

Mehr und mehr setzt sich gegenüber diesen – sicherlich nicht abwegigen, aber allein unzureichenden – Methoden das Leitbild durch. Denn erst mit ihm bekommen diese vorgenannten Methoden ihren Sinn.

Was sollte ein Leitbild enthalten? Wer sollte es erarbeiten? Wie ist es zu „implementieren"?

Die größte, nicht die absolute Garantie dafür, daß ein gemeinsames, von allen getragenes Leitbild zustande kommt, bieten die Einschaltung einer externen Beratung (schon um Hierarchie und damit verbundene Restriktionen auszuschalten) und die Beteiligung möglichst aller Führungskräfte und Mitarbeiter „in geeigneter Weise": Als Führungsinstrument ist das Leitbild von der Führung zu verabschieden; die Mitarbeiter aber sollen es annehmen: Man akzeptiert eher, was man selbst mit erarbeitet hat.

Zunächst ist eine Gruppe von Führungskräften zu bilden, die den Prozeß in Gang halten soll und dem Vorstand/der Geschäftsleitung direkt berichtet. Wenn man den Weg über die IST-Analyse und die Kommunikationsmatrix gegangen ist, dann steht die Gruppe bereits und kann auch mit den dort formulierten Botschaften weiterarbeiten.

Die Vorstellungen vom Umfang eines Leitbildes beziehungsweise von der unter einem Leitbild zu subsumierenden „Masse" sind unterschiedlich. Manche meinen mit der Bezeichnung nur einen einzigen Gedanken, zum Beispiel „der Beste sein". Andere sehen eine Hervorhebung der für ein Unternehmen wesentlichen Details als notwendig an, damit dieses Bild letztlich nicht von der Phantasie des einzelnen abhängt und entsprechend tausendfache Varianten annimmt. Einig sind sich aber wohl alle darin, daß ein Leitbild weder ein Bilderbuch sein soll, an dessen Ende man nicht mehr weiß, welches Bild am Anfang zu sehen war, noch ein Museum, in dem die manifesten Empfindungen vergangener Jahrhunderte herumhängen.

Als wesentliche, das Handeln prägende Inhalte haben sich Selbstverständnis, Ziele und Wege (Leitlinien) zur Zielerreichung herausgestellt: Wenn es hier keinen Konsens gibt, ist das Unternehmen in seiner Entwicklung behindert, sind nach draußen getragener Anspruch und interne Leistungsfähigkeit und -bereitschaft nicht deckungsgleich.

Basis für den Input ist also auf jeden Fall eine ehrliche IST-Analyse. Die ermittelten Stärken des Unternehmens sollten das Selbstbewußtsein definieren; die ermittelten Schwächen sollten Orientierungspunkte bei der Formulierung von Zielen und Wegen zur Zielerreichung sein.

Wer mit einer ehrlichen IST-Analyse beginnt, stellt auch schon die Weichen zu einem „individuellen", auf das Unternehmen und seine Situation/Belange zugeschnittenen Leitbild und erliegt nicht der Versuchung, sich ein „Leitbild von der Stange" zu kaufen.

Das Ergebnis der Analyse ist – wie aufgezeigt – den Führungskräften in Workshops vorzustellen: Der Handlungsbedarf ist zu ermitteln, Zielsetzung („Vision") und Wege zum Ziel sind zu umreißen. Bei der Zielsetzung ist das erreichte und gewünschte Verhältnis des Unternehmens zu Produkt und Markt zu berücksichtigen, zu Gewinn und Wachstum, zu Mitarbeitern und Gesellschaft. Es ist darauf zu achten, daß die Vision *realistisch* ist. Eine Vision als „Leuchtfeuer" zieht aber nur an, wenn sie Erstrebenswertes zum Gegenstand hat und zugleich auch das Erstrebenswerte erreichbar erscheinen läßt. Die Erreichbarkeit hängt von der Kompetenz des Unternehmens ab, von dem, was es kann und wofür es gerüstet ist; also muß man sich auch darüber im klaren sein.

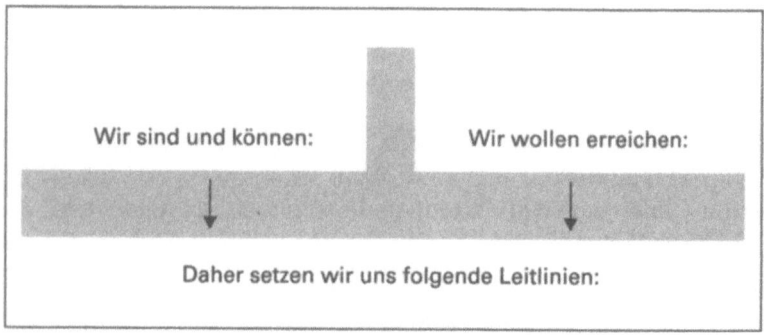

Abbildung 19: Die Grundbestandteile eines Leitbildes

In die Diskussion der Wege zum Ziel sind die Ressourcen einzubeziehen (Personal, Finanzen, Energie ...), das Leistungsvermögen (Produktion, Marketing, F & E ...) und Verhaltensmerkmale (Umgang intern und extern).

So wird das Leitbild einerseits Ausgangspunkt für den Weg, der Verhalten durch Überzeugung ändern will. Andererseits stellt es die „Verfassung" des Unternehmens dar, die den notwendigen Druck ausübt, ohne den sich Verhalten nicht oder nur zu langsam ändert. In den Workshops ist ebenso daran zu denken, daß Leitbilder lebendig gehalten werden müssen. Zu diesem Zweck sind Aktionen/Maßnahmen anzudenken, die dazu geeignet und auch bezahlbar sind. Daraus ist ein Aktionsprogramm zu erstellen, das Informationsveranstaltungen, Vorträge, Workshops, Seminare und begleitende visuelle Maßnahmen enthält, die das neue Bewußtsein sichtbar machen sollen.

Die Mitarbeiter sind über den Fortgang der Entwicklung auf dem laufenden zu halten – über die Mitarbeiterzeitung oder durch Info-Shops. Da aber nicht nur die Führungskräfte das Leitbild akzeptieren sollen, sondern die gesamte Belegschaft, ist es ratsam, auch weiterhin die Mitarbeiter an der Entwicklung zu beteiligen. Ausreichend und zweckvoll ist es, wenn die Vorgesetzten mit ihren jeweiligen Mitarbeitern den Stand der Entwicklung diskutieren: Kommunikation sorgt so für Integration, Integration wird Basis für Identifikation, und die ist Voraussetzung für Leistung.

Wer so vorgeht, braucht nicht die Frage zu stellen, wie das Leitbild zu implementieren sei: Die Implementierung hat so bereits begonnen, bevor die speziell ausgedachten Maßnahmen dann ergriffen werden. Implementieren heißt vor allem, das Leitbild „herunterbrechen": Was fordern die Leitlinien von diesem Bereich, was von jenem, was von mir selbst? Aktionspläne, „Konzepte" inklusive der sonst oft allein im Raum stehenden Führungsgrundsätze, werden erarbeitet, das Unternehmen bekommt ein von seinem Leitbild geprägtes Profil.

Die Realisierung fordert die Führungskräfte besonders: Kommunikationstraining sollte ihre Führungsfähigkeit verbessern. Das Leitbild und die daraus abgeleiteten Führungsgrundsätze geben den Führungskräften aber auch den nötigen Rückhalt, ihre Führungsrolle mit größerer Sicherheit zu spielen: Sie können sich darauf berufen. Die Realisierung erfordert aber auch, Entscheidungen, Abläufe, Erfolge ... immer in Verbindung zum Leitbild darzustellen und so die tägliche Arbeit nie sinnlos werden zu lassen.

Und nochmal ein Gedanke, der eigentlich selbstverständlich sein und die Leitbild-Arbeit von Anfang an begleiten sollte: Nur klare Ziele machen eine Erfolgskontrolle möglich. Schließlich will man ja wissen, ob eine Mühe sich gelohnt hat. Konkrete Ziele, in denen sich später der Erfolg der Leitbild-Arbeit zeigen sollte, können zum Beispiel sein: Verbesserung von Qualität und Verkaufsaktivität, weniger Beschwerden seitens der Kunden, Überstundenbereitschaft, ein angenehmerer Umgangston, geringere betriebliche Fluktuation ...

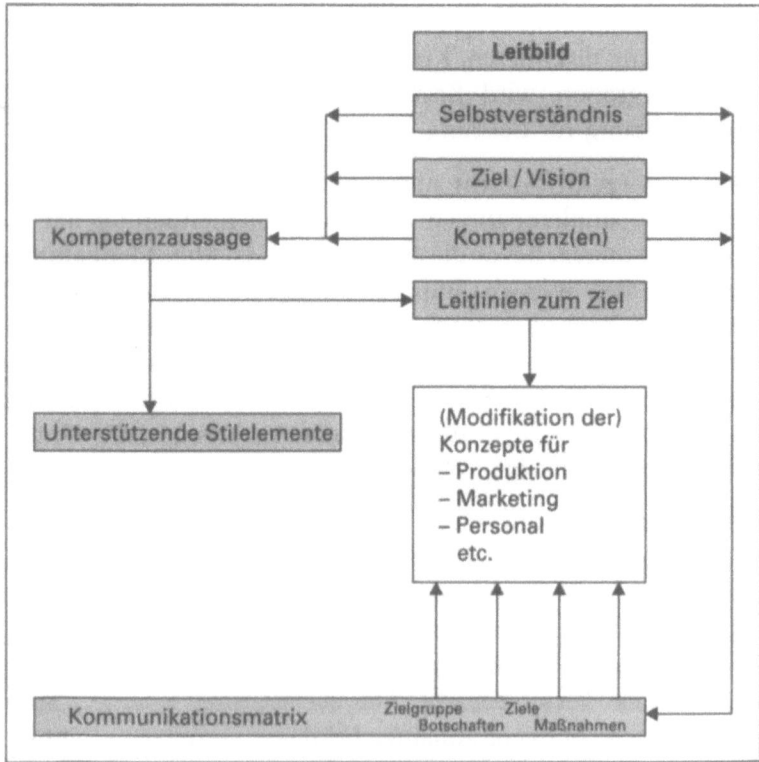

Abbildung 20: Die zentrale Funktion des Leitbildes

Das Corporate Design:
dem Selbstbewußtsein Ausdruck verleihen

Die wesentlichen Sätze zum Selbstverständnis, zur Vision und die Leitlinien zur Zielerreichung werden also in einem knappen Leitbild zusammengefaßt. Und wer der Meinung ist, daß Menschen um so eher an eine Veränderung glauben, je mehr optische Belege sie dafür erhalten, der vervollständigt seinen Mitarbeitern auch noch das „Banner": ein „upgedatetes" Erscheinungsbild als sichtbares Zeichen des Aufbruchs zu einem neuen Ziel. Aber auch hier gilt: Die Notwendigkeit ergibt sich aus der Kommunikationsmatrix.

„Kleider machen Leute" – nicht nur, daß sie das Aussehen verändern, sie bewirken oft auch eine andere Haltung. Dem trägt „Corporate Design" immer mehr Rechnung: „CD" soll Zeichen setzen, Aufbruchstimmung erzeugen, Selbstbewußtsein demonstrieren.

Dabei geraten Grundregeln oft allzu leicht ins Hintertreffen. Als Corporate Design geschaffen wurde, hieß es noch nicht so. Nochmals ein kurzer Ausflug in die Geschichte: Wenn eine Sippe gegen eine andere kämpfte, dann konnte die Losung gut lauten: „Verhaut alle, die ihr noch nie gesehen habt!" Sie hätten nackt kämpfen können, was sie wohl auch taten. Als sie begannen, Söldner anzuwerben, um dem Gegner zahlenmäßig überlegen zu sein, gab es auf einmal viele, die man noch nie gesehen hatte, die man aber dennoch nicht verhauen durfte: Eine Kennzeichnung mußte her als Zeichen der *Zugehörigkeit*.

Und solange es irgendwie möglich war, hat man „sein" Zeichen auch hochgehalten, damit jene, die vor Angst wegliefen, hinterher wußten, wohin sie nicht zurück durften: Zeichen für *Erkennbarkeit*.

Mit einer Kennzeichnung wollte man aber auch bald etwas „zum Ausdruck bringen": Man wählte den Löwen als Zeichen unerschrockener Stärke; man sah sich als Adler, Bär, Pferd ... Kein Herrscherhaus hat Maus oder Ratte in seinem Wappen: Symbole sollten das Selbstbewußtsein verdeutlichen, natürlich möglichst weithin sichtbar, ein Zeichen für die eigene *Kompetenz*.

Und schließlich war das Tragen von Symbolen natürlich auch *Bekenntnis:* das Kreuz, der Davidstern, eine rote Nelke ...

Diese vier Gründe – Zugehörigkeit, Erkennbarkeit, Kompetenzdemonstration, Bekenntnis – standen über Jahrtausende an der Wiege dessen, was sich schließlich wie eine Erfindung der Moderne als „CD" vorstellt. Armeen, Religionen, Zünfte, Staaten ... hatten ein Corporate Design, und viele historische CDs sind heute noch wirksam.

Genau diese vier genannten Gründe sollte ein Unternehmen in Fragen übersetzen, wenn es sein Design überdenkt, wobei die Reihenfolge gern eine andere sein kann:

▶ Wozu können wir uns bekennen?
▶ Welche Kompetenz wollen wir zum Ausdruck bringen?
▶ Wodurch können wir im Umfeld vieler, die ebenfalls auffallen wollen, erkennbar bleiben beziehungsweise werden?
▶ Wer und was alles soll als zugehörig erkannt werden?

Diese Fragen sind gleichwertig. Wer der Erkennbarkeit innerhalb der Reizvielfalt Priorität gibt, kann schnell als bunter Hund gelten, kaum aber als „seriöse" Versicherung, „solide" Bank oder allgemein als „vertrauenswürdiger" Partner. Und wer zwar gelungen sein Selbstverständnis symbolisiert, aber auf Prägnanz der Gestalt verzichtet, bleibt das Rumpelstilzchen seiner Branche.

Das Streben, etwas ganz Neues zu machen, steht oft erkennbar im Vordergrund. Wer aber einen guten Namen hat, sollte ihn nicht eintauschen gegen einen unbekannten, der dann mit viel Aufwand erst aufzubauen ist. Wer ein gutes Zeichen hat, sollte es nicht so verändern, daß es keiner wiedererkennt. Wichtiger als etwas Neues ist, daß alle Elemente zusammenpassen und das Unternehmen erkennbar das gleiche ist, egal ob es durch den Geschäftsbericht oder durch seine Rechnung „auftritt".

Es ist etwas anderes, wenn Umstrukturierungen und Fusionen es erfordern, einen Schlußstrich unter die Vergangenheit zu ziehen. Leider werden oft von Strategen Unternehmen so zerschlagen, daß kein Unternehmensteil sein künftiges Image an der Tradition festmachen kann. Nun gut, dann muß eben etwas Neues kreiert werden. Wer aber eine Vision hat und seine Kompetenz kennt, weiß, was sein Outfit symbolisieren soll.

Zu den Designfaktoren Farbe und Form sollen hier nur zwei grundsätzliche Aspekte erwähnt werden.

Farben und Farbtöne besitzen nicht nur eine „archaische" Symbolik (das heißt, sie lösen in allen Menschen tendentiell gleiche Empfindungen aus), sondern sind auch bereits von anderen (Institutionen, Unternehmen) „besetzt". Wer nicht in Verwandtschaft zu bestimmten „anderen" gesehen werden will, muß also in der Farbwahl sehr überlegt handeln.

Für Formen/Gestalten gilt Ähnliches, man denke nur an das Hakenkreuz. Was aber unter dem Titel Formen gern übersehen wird, ist die Schrift: Schriften haben „Charakter": Sie können leicht und verspielt bis schwer und klotzig sein, was keineswegs gleichbedeutend sein muß mit flexibel oder unseriös und unbeweglich oder dauerhaft. Die Aufgabe bei der Konzeption des Corporate Design ist, all das so zusammenzufügen, daß eine eindeutige, die Unternehmensziele unterstützende Wirkung herauskommt.

Die Konzeption wesentlicher Standardmaßnahmen

Über die diversen Maßnahmen interner und externer Kommunikation (siehe Abbildungen 15 bis 17) gibt es hinreichend literarische Gebrauchsanweisungen, die weitgehend empfehlenswert sind. Hier soll nur der Vollständigkeit halber, also um die Gedanken zur Unternehmenskommunikation abzurunden, auf drei Maßnahmen eingegangen werden, die von wesentlicher Bedeutung sind: auf den Geschäftsbericht als Träger des Selbstbildes nach draußen, auf die Mitarbeiterzeitung als Mittel zur Erhöhung der Transparenz innerhalb des Unternehmens und auf das Training der persönlichen Kommunikation.

Der Geschäftsbericht: zur Wahrheit die Klarheit

Den Geschäftsbericht erkennen immer mehr Unternehmen als Mittel zur Selbstdarstellung. Doch oft erschöpft sich diese Selbstdarstellung in Tabellen und einer knappen Verbalisierung der Zahlen, oft genug in nüchterner Buchhaltersprache.

Erfolgreiche Selbstdarstellung beachtet Regeln, damit die Interpretation der Situation durch den Leser nicht allein von dessen Finanzintelligenz abhängt. Natürlich ist das oberste Gebot die Wahrheit. Aber zur Wahrheit muß die Klarheit kommen, damit Tatsachen in ihrer Bedeutung erkannt werden und der Geschäftsbericht seine Aufgabe erfüllt. Denn ein Geschäftsbericht wirbt um Vertrauen.

Wenn Wahrheit unfaßbar ist, dann oft nur wegen ihrer schlechten Verpackung. Es gibt einfache Regeln:

1. Eine einfache, verständliche Sprache pflegen – das ist um so wichtiger, je mehr sich die Anleger aus der breiten

Masse rekrutieren. Geduld und intellektuelle Fähigkeiten der Leser dürfen nicht strapaziert werden. Viel Text und wenig Prägnanz, das ist einer der häufigsten Fehler von Geschäftsberichten. Oft gehen dann für den Anleger wichtige Informationen in einer „Bleiwüste" unter.

Ein Geschäftsbericht soll in erster Linie dazu beitragen, Partner zu gewinnen, und zwar durch Überzeugung. Überzeugung basiert auf dem Verstehen der angebotenen Information, ein bißchen auch auf erzielter Sympathie. Aktionäre, Interessenten für Joint Ventures und Kooperationen aller Art, potentielle Mitarbeiter, natürlich auch die Öffentlichkeit – sie alle wollen ganz bestimmte Informationen, sie haben meist wenig Zeit, und je mehr sich Anleger aus der breiten Masse rekrutieren, kann man auch sagen: sie haben unterschiedliches Vorwissen. Dem muß ein Geschäftsbericht Rechnung tragen, wenn er Erfolg haben soll.

2. Eine optisch klare Gliederung wählen – Bilder und Grafiken müssen die Textaussagen stützen, nicht stören. Der Leser muß geführt werden. Vielen Berichten fehlt das visuelle Gesamtkonzept. Farben-, Foto- und Schriftwahl sind dem Zufall überlassen. Fotos und Grafiken stehen oft wo Platz ist, nicht wo sie hingehören. Abbildungen fehlen, ebenso interpretierende, das Leserverständnis leitende Überschriften.

Die Folgen sind nicht nur einfach Unansehnlichkeit, sondern Verwirrung beim Leser, Mißverständnis, unvollständige Informationsaufnahme und emotionale Abkehr von jemandem, der einem so viel abverlangt. Bei vielen erzeugt der dilettantische Umgang mit dem Kommunikationsmittel Geschäftsbericht auch Zweifel an der „restlichen" Qualifikation: Das Vertrauen ist untergraben.

Wer den Leser führt, läuft nicht Gefahr, daß der Leser „sich stößt", die Informationen falsch oder jedenfalls nicht im Sinne des Unternehmens interpretiert.

3. Informationen als Chance zur Profilierung nutzen – der Geschäftsbericht soll die Gelegenheit nutzen, das Bild vom Unternehmen bei den relevanten Partnern und Gruppen der Öffentlichkeit in seinem Sinne zu prägen und so dem Leser eine Identifikation mit dem Unternehmen erleichtern. Rendite und Dividende geben nicht allein den Ausschlag für die Entscheidung des Anlegers. Bei manchem entscheidet ein Faible für Produkte oder Leistungen, bei einem anderen das für Personen. Immer mehr wird auch die Haltung der Unternehmen zu aktuellen Themen wie Umwelt, Energie entscheidend.

Der Geschäftsbericht bietet die Möglichkeit, zu diesen Dingen Informationen zu geben. So kann es sich von anderen Unternehmen abheben und Partner gewinnen, die vielleicht aufgrund des vergleichbar niedrigen Gewinns nicht zu haben wären.

Mitarbeiterzeitung: klären statt verschleiern

Aufgabe einer Mitarbeiterzeitung ist nicht die Verschleierung einer Unternehmenssituation, sondern ihre Transparenz, um die Belegschaft zu einem voll nutzbaren, „potenten" Produktionsfaktor zu machen. Dazu gehört dann nicht nur die Verdeutlichung der Unternehmensziele, sondern auch die Interpretation des beobachteten Geschehens; wenn man das vernachlässigt, werden Ereignisse in der „Kaffeeküche" interpretiert, mit allem Nonsens behaftet, der das Führen dann so schwer macht.

Tatsächlich ist die Mitarbeiterzeitung/-zeitschrift (im folgenden kurz MAZ) vielfach nur einem Feigenblatt vergleichbar, entgegen dem viel verwendeten Begriff „Mitteilungsblatt".

Obwohl immer mehr Unternehmen Mitarbeiterzeitschriften oder -zeitungen haben, klagen auch immer mehr über „innere Kündigung" der Mitarbeiter. Eine vor kurzem von mir durchgeführte Analyse von 50 Zeitungen und Zeitschriften zeigte, daß das „Bemühen um den Mitarbeiter" mit dem „Ja" zur Zeitung oder Zeitschrift in vielen Fällen abgehakt ist und daß man sich über das „Wie" und dessen Begründung, über die mögliche Funktion – Dialog oder „Verteil-Kommunikation" – wenig Gedanken macht. Vielfach nicht genutzte Chancen.

Die *Gestaltung* von Mitarbeiterzeitungen ist überwiegend ohne „Reiz". Bereits beim ersten Eindruck, den die Titelseiten vermitteln, drängen sich Fragen und Anmutungen auf:

▶ Es scheint keine Regeln für eine MAZ zu geben.

▶ Zeitung oder Zeitschrift – was animiert eher zum Lesen?

▶ Welches Format wählt man am besten?

▶ Wo ist das sonst bekannte und gepflegte Corporate Design des Unternehmens geblieben? Oft ist auf den ersten Blick gar nicht erkennbar, daß „mein" Unternehmen dahintersteht.

▶ Entspricht dieses Erscheinungsbild hier wirklich dem Selbstbild, dem Charakter des Unternehmens (zum Beispiel der popelige Anzeigenblatt-Charakter den High-Tech-Aktivitäten)?

Manche MAZ sind auf den ersten Blick mit anderen, externen Publikationen zu verwechseln, mit Tageszeitungen oder Boulevardblättern – ob's die Hinwendung steigert?

Und wie sieht es innen aus? Von Rubriken – das heißt, eine für den Leser erkennbare und seiner Orientierung dienende Gliederung – ist bei den wenigsten etwas zu erkennen. Mag sein, daß sie zu bestimmten Themen immer wieder Beiträge haben, aber der Leser muß den Beitrag erst lesen, bevor er weiß, um was es geht. Auch der Nutzen von Inhaltsverzeichnissen hat sich bei vielen noch nicht herumgesprochen, und wo es sie gibt, sind sie oft ohne Aussagekraft, weil die Überschriften blaß sind.

Es dominiert gestalterische Unruhe oder „Bleiwüste". Da ist ein Balkenfetischist, der auf einer Seite – o. k.: auf einer Doppelseite! – die ganze Variabilität der Balkenlängen vorführt; dort ist einer, der am Gleichmaß des Blocksatzes „unendliche" Freude hat ... Vieles ist einfallslos, lieblos, unästhetisch – und läßt erkennen, daß man kein Konzept hat für die „Pflicht, die Mitarbeiter zu informieren". Als wie minderwertig muß der Mitarbeiter in solchen Unternehmen gelten?! Er spürt es.

Aber es gibt Titelseiten mit deutlichen, signalhaften Botschaften, sei es im Namen/Titel selbst („Wir bei ... ") oder im variierenden Motiv (zum Beispiel Foto einer Tankstellenüberdachung mit Logo). Es sind da schon MAZ, die nicht nur mit Geist gemacht sind, sondern auch die Hinwendung zum Mitarbeiter spüren lassen. Leider ist es, wie man dann anhand der Themen sieht, oft nur die Hinwendung des Redakteurs, nicht des Unternehmens.

Die *Themenwahl* macht deutlich, daß die durch die MAZ gebotene Chance längst nicht überall erkannt ist. Offenbar machen sich nicht viele Gedanken darüber, was der Mitarbeiter lesen *will*, und noch weniger darüber, was er – aufgrund eines manchmal doch vorhandenen Interesses der Unternehmensleitung an einer lebendigen, gesunden Unternehmenskultur –

lesen *sollte*. In vielen Unternehmen ist die MAZ nicht mehr als eine lästige Pflichtübung.

Viele MAZ beschäftigen sich seitenweise mit Themen, die mit dem Verhältnis zwischen Unternehmen und Mitarbeiter allenfalls am Rande, mit dem Verhältnis des Unternehmens zu Markt und Umfeld gar nichts zu tun haben: „Personalien", „Sport", „Urlaub in Alaska" ...

Damit vergibt das Unternehmen eine Chance, „Nähe" zum Mitarbeiter herzustellen, indem es erklärt, erläutert, vielleicht auch Ängste nimmt, die um so stärker sind, je isolierter von Entscheidungen der Mitarbeiter vor sich hinarbeitet: Gerüchte hört er auf jeden Fall!

Um Kriterien für die „Nähe" zu bekommen, die das Unternehmen zu seinen Mitarbeitern sucht, wurde in Orientierung am Ergebnis einer AIK-Erhebung (1990 veröffentlichte Studie der Arbeitsstelle für innerbetriebliche Kommunikation an der Fachhochschule Rheinland-Pfalz) erst einmal zusammengestellt, welche Inhalte insgesamt in den MAZ zu finden sind. Diese Themen wurden dann nach ihrer allgemeinen Bedeutung für die Mitarbeiter kategorisiert: Welches Mitarbeiterinteresse könnte dieser Beitrag befriedigen? Dabei konnte man auf das Ergebnis von Mitarbeiterbefragungen zurückgreifen, die Klienten zur Ermittlung der Resonanz ihrer MAZ durchgeführt hatten. Danach interessieren „Zukunft und Ziele" des Unternehmens, Umstrukturierungen und Strategie am meisten, gefolgt von Aus- und Fortbildungen. Am unteren Ende der Rangreihe liegen Personalien und Sport.

Wer das weiß, für den sagen MAZ sehr viel über ein Unternehmen aus. Und Unternehmen unterscheiden sich hier sehr deutlich. Abbildung 22 zeigt, wieviel Prozent der in diese Analyse einbezogenen MAZ sich überhaupt mit den einzelnen Themen beschäftigen.

Beitrag	Zu befriedigendes Interesse
aktuelle Entwicklung/Situation des Unternehmens, neue Programme/Projekte und Hintergründe, „Markt und Konkurrenten"	am Unternehmen selbst und seinem Erfolg
Leitartikel/Kommentar	an aktueller Orientierung
Ziele und Strategien des Unternehmens	an allgemeiner Orientierung
Werkreportagen/ Abteilungs-/Bereichs-Portrait, Mitarbeiterportrait, organisatorische/personelle Veränderungen	am Geschehen *im* Unternehmen (wer außer mir arbeitet hier noch)
Firmengrundsätze/Leitlinien in der Praxis, Firmengeschichte/Firmenkultur	(des Unternehmens!) an der Erfüllung der in die Mitarbeiter gesetzten Erwartungen
Personalprogramme, Perspektiven ...	an den persönlichen Chancen im Unternehmen
Probleme des Unternehmens, Vorschlagswesen, Mitarbeitermeinung	an Mitwirkung/Mitgestaltung
Arbeitssicherheit, Gesundheitswesen, Sozialthemen	an der Absicherung des eigenen Lebens
Personalien	am Nächsten (Nähe zu Klatsch)
Humor/Unterhaltung/Aktivitäten	an Kurzweil
Kurznachrichten	an umgehender Kenntnis von wichtigen Entwicklungen
Pressespiegel	an der Meinung anderer über das Unternehmen

Abbildung 21: Zurodnung von MAZ-Beiträgen und Mitarbeiterinteresse

Diese Statistik sagt nichts über die Art der Themenaufbereitung, auch nichts über den Raumanteil der Themen in den MAZ. „Personalien" etwa können sich mit weniger als einer halben Seite begnügen, aber auch mehrere Seiten belegen, während dann ein den Mitarbeiter wirklich interessierendes Thema den Charakter einer Kurznachricht hat – was gar nicht selten der Fall ist.

Kategorie	% von 50
Unternehmenssituation und Markterfolg	100
Geschehen im Unternehmen (wer/wo/was)	98
Sicherheit/Soziales/Gesundheit	80
Kurzweil/Sport	76
der Kollege (Personalien)	74
Ziele und Strategien	48
in Mitarbeiter gesetzte Erwartungen	46
Mitwirkung/Einbindung	34
Chancen im Unternehmen/Weiterbildung	32
aktuell wichtig	32
Meinung zur Orientierung	28
die anderen über uns (Presseberichte)	8

Abbildung 22: Befriedigung von Mitarbeiterinteressen durch MAZ-Beiträge

Themen zur Kategorie „Unternehmenssituation und Markterfolg" sind zwar in jeder dieser MAZ zu finden. Vielfach aber handelt es sich – deutlich bei Autoherstellern – um die bloße Vorstellung neuer Produkte. Aber auch das ist positiv: Der Mitarbeiter erhält Argumente für seine Identifikation mit dem Unternehmen.

Es gibt eine Reihe weiterer Aspekte, die bei der Durchsicht von Inhalten aufgefallen sind. Da ist einmal ein Phänomen, das sich besonders in Branchen zeigt, die im Schußfeld öffentlicher Kritik stehen: Der Mitarbeiter erfährt weniger über Unternehmensziele als über soziokulturelle Engagements des Unternehmens. Die Absicht ist klar: Man will vermitteln, daß das Unternehmen einen gesellschaftlichen Nutzen hat – nur läßt man den Mitarbeiter in Unsicherheit, ob das, was Teile der Öffentlichkeit dem Unternehmen anlasten, wirklich so ist und wie der Mitarbeiter das einordnen kann, um sich weiterhin mit dem Unternehmen identifizieren zu können.

Großkonzerne sind oft einer besonderen Gefahr ausgesetzt: Sie stellen ihre MAZ auf das Niveau der Führungskräfte ein – und wundern sich dann, daß „der Malocher" die MAZ nicht in die Hand nimmt: eine der gewünschten Identifikation zugegenlaufende Hochglanzgestaltung, schwer lesbare und der breiten Belegschaft nichts sagende Texte.

Manche auf den ersten Blick sehr gute MAZ (= Themenabdeckung und Gestaltung o. k.) finden offensichtlich dennoch wenig Resonanz, wie aus rechtfertigenden Beiträgen verantwortlicher Leitender hervorgeht: Die MAZ sind als Sprachorgan ausschließlich der Firmenleitung erkennbar, als Instrument der „Verteil-Kommunikation" – ein Begriff, der in einer dieser MAZ zu lesen war und zeigt, wie sehr Unternehmenskommunikation mißlingen kann: Verteilen kann man per elektronischer „Rohrpost" schneller.

Die *Themenkombination* (siehe Grafik Seite 147) zeigt, daß maximal ein Drittel der MAZ „Nähe" zum Mitarbeiter suchen und sie somit bewußt oder unbewußt nutzen, um die Entwicklung einer Corporate Identity zu unterstützen. Diese Aussage folgt aus der Annahme, daß eine MAZ-Redaktion sich um so mehr um die Integration der Mitarbeiter in den unternehmerischen Arbeitsprozeß bemüht, je mehr sie ihnen Hilfen zu ihrer Orientierung anbietet. Die anderen Unternehmen werfen dadurch Geld zum Fenster raus, daß sie über Dinge berichten, die andere besser abdecken können. Und für die „Berichtspflicht" allein – über wirtschaftliche und geschäftliche Entwicklung des Unternehmens nach § 110 BVG – braucht man keine Zeitung.

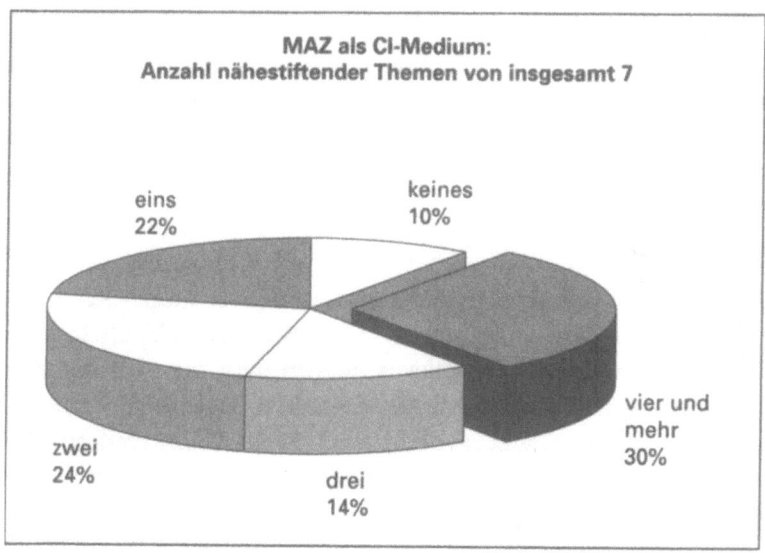

Zwischen der Qualität der Gestaltung und der Qualität der Mitarbeiternähe gibt es insgesamt nur einen geringen positiven Zusammenhang. Zwar lassen einige MAZ so etwas wie ein durchgängiges Konzept im Bemühen um den Mitarbeiter erkennen, aber es gibt auch MAZ, die den Eindruck erwecken, als wolle man mit einem attraktiven Kleid einen siechen Körper bedecken. Auch das spüren Mitarbeiter.

Die vorn versuchte Kategorisierung und die Arbeit mit der Kommunikationsmatrix erlauben es, die eigene Konzeption optimal auszurichten:

Die Konzeption wesentlicher Standardmaßnahmen

Welche Interessen sind abzudecken? Welcher Bedarf an Kommunikation ist im Interesse des Unternehmens mit der MAZ zu decken? Soll die MAZ den Charakter eines Magazins haben, eines Boulevardblattes oder eines Comic-Heftes – jedes Genre symbolisiert der Belegschaft, was „das Unternehmen" von ihr hält. Natürlich spielen Kosten eine Rolle; aber lieber vier Seiten, die dem Mitarbeiter „gefallen", als 30 Seiten Sprechblasen.

Die Sprache ist dem einfachen Mitarbeiter anzupassen, ohne sie primitiv erscheinen zu lassen: einfach, verständlich, direkt, das kann sich auch eine Führungskraft zumuten – sollte es sogar: Vielleicht lernt er/sie auf diese Art noch, einfache Sachverhalte auch einfach zu formulieren.

Die Struktur (Gestaltung, Optik) soll Leseanreiz schaffen, Informationsaufnahme erleichtern und dem heutigen Kommunikationsstandard entsprechen. Die MAZ ist folglich logisch nach Interessenschwerpunkten aufzubauen. Sie soll für den Schnelleser Orientierungshilfen enthalten (Rubriken, Unterrubriken, visuelle Schwerpunkte) und durch Überschriften Akzente setzen.

Man sollte sich aber davor hüten, „Lebendigkeit" mit Unruhe zu verwechseln. Nicht Abwechslung um jeden Preis, etwa auf der ersten Seite ein Dutzend Themen anfangen und dann irgendwo im „lebendigen" Seitenumbruch fortführen. Manche meinen, auf diese Art den Leser dazu zu bringen, alle Themen überhaupt erst wahrzunehmen. Nein, wer nicht mit aussagefähigen, also interessierenden Überschriften, sondern mit Tricks arbeitet, schafft Unruhe, und Unruhe meidet man gern.

Kommunikationstraining: sich ändern durch Erfahrung

Im Laufe von Analyse und Arbeit mit der Kommunikationsmatrix – wenn man also systematisch vorgeht – spüren die

Beteiligten immer deutlicher, daß ihr Kommunikationsverhalten durchaus zu verbessern wäre. Es werden ja in der Regel immer Dinge angesprochen, die von wesentlicher Bedeutung für das Unternehmen sind, aber nie zur Sprache kamen – weil sie „nicht unmittelbar zur Sache" gehörten, wie man glaubte. Manchmal kann man als Berater gar nicht so richtig nachempfinden, warum alle nach einem Workshop so happy sind, aber es ist offensichtlich: Man durfte nicht nur zur Sache reden, sondern auch drumherum, man durfte Mensch sein und spüren, daß der andere überraschenderweise auch einer ist.

Wie in den vorderen Kapiteln bereits deutlich wurde, hat sich zumindest schon die Erkenntnis durchgesetzt, daß Kommunikation „offener", „flexibler" sein sollte. Aber die Umsetzung dieser Erkenntnis hat offensichtlich ihre Tücken. Die durch schnelle Reaktion auf den Markt erforderliche Flexibilität eines Unternehmens zum Beispiel verbietet einerseits eine an starre Regeln gebundene Kommunikation im Unternehmen. Andererseits wird es immer wieder passieren, schon aufgrund allgemeiner menschlicher Unzulänglichkeit, daß Informationen irgendwo hängenbleiben, die andernorts dringend gebraucht werden. Dafür sind dann eben jene Informationskanäle zu schaffen, die sozusagen „Bypass"-Charakter haben, möglichst solche, die man weder abschalten, noch übersehen, noch in den Papierkorb werfen kann.

Dies entbindet dennoch nicht den Vorgesetzten von der Pflicht für die Sorge um die Information der Mitarbeiter wie auch *seiner* Vorgesetzten. Und auch hier wird man vielfach auf Regelungen von Kommunikationsabläufen nicht verzichten können. Nur ist Vorsicht geboten: Die Devise „keine Sitzung länger als eine Stunde" kann leicht dazu führen, daß nun auch keine mehr kürzer ist. Vor allem aber: Wenn man nicht zeigt, wie man in einer Stunde zu einem Ergebnis kommen kann, wird sich der auf Einhaltung der Regeln bedachte Club ständig vertagen, und somit hat man das Gegenteil von dem erreicht, was man erreichen wollte.

Eine „Regelung" – wie zum Beispiel das „jährliche Mitarbeitergespräch" – suggeriert auch allzu leicht, daß eine Führungskraft zwischendurch alles laufen lassen könnte. „Laissez-faire" statt kooperativer Führungsstil: Man setzt etwas auf die Schiene, kontrolliert aber nicht die Umsetzung, von rechtzeitiger Kurskorrektur ganz zu schweigen. Ursache ist hier weniger die Unsicherheit über die eigene Rolle in einem schlecht definierten Rahmen „Unternehmen", sondern eher das geringe Vertrauen in die Wirksameit der „Instrumente". Warum? Weil man die Instrumente nicht selbst kennt – oft eine Folge der Delegation von Veränderungsprozessen –, oder weil man sich selbst nicht kennt und sich etwas nicht zutraut. Der Schluß: Die Verbesserung des Kommunikationsverhaltens muß immer die Unternehmensleitung mit einbeziehen, am besten ist es, die Führer gehen voran.

Theoretisch ist beim Kommunikationstraining recht viel zu beachten, praktisch sieht es relativ einfach aus: Führungskräfte und Mitarbeiter müssen „erfahren", was gute und was weniger gute Kommunikation ist – miteinander. Dazu brauchen sie Gelegenheit. Damit ist im Grunde alles gesagt. Allenfalls noch, daß es anfangs nicht ohne neutralen Moderator gelingt, man holt sich „Trainer" ins Haus. Und die bringen vielfältige Varianten mit, wie man Erfahrung vermitteln kann.

Die spektakulärsten Methoden sind nicht unbedingt die besten. Wichtig ist, daß immer der Bezug zur Praxis erkennbar bleibt. Daher ist – von Ausnahmen abgesehen – den sogenannten praxisbegleitenden Übungen der Vorzug zu geben vor dem – zweifelsohne erlebnisreichen – „Survival" in der (zivilisierten) Wildnis.

Lernziele der Übungen können zum Beispiel sein:

- den anderen als Menschen sehen, nicht als „Untergebenen", „Vorgesetzten" oder irgendeine „Funktion" mit vom Vorurteil beschränkter Menschlichkeit;
- die Bedürfnisse und das Selbstwertgefühl des anderen erkennen und achten lernen;
- verstehen, wovon zwischenmenschliche Beziehungen beeinflußt werden;
- sich beherrschen lernen zugunsten der konstruktiven Weiterentwicklung einer Beziehung;
- den anderen motivieren können, anstatt ihm kraft der höheren Postition zu befehlen;
- Feedback-Techniken anwenden können während eines Gesprächs.

Unabdingbare Voraussetzung für den Erfolg des Kommunikations- beziehungsweise Verhaltenstrainings ist, daß es „oben" beginnt. Sonst kommt die „Basis" vom Seminar und stellt fest, daß ihre Vorderen „keinen blassen Schimmer" haben von dem, was in ist – und sie vergessen das Gelernte schnell; denn eine Verbesserung ihres Verhaltens ist auch für sie mit Anstrengung verbunden.

Das Bausteinsystem: erhöhte Wirkung bei reduzierten Kosten

Weiter vorn wurde über eine Bilanzierung nachgedacht. Die Frage nach den Kosten eines Tuns ist immer gerechtfertigt, und es ist daher nur folgerichtig, nach Wegen der Kosteneinsparung zu suchen. Der Aufbau der Kommunikationsmaßnah-

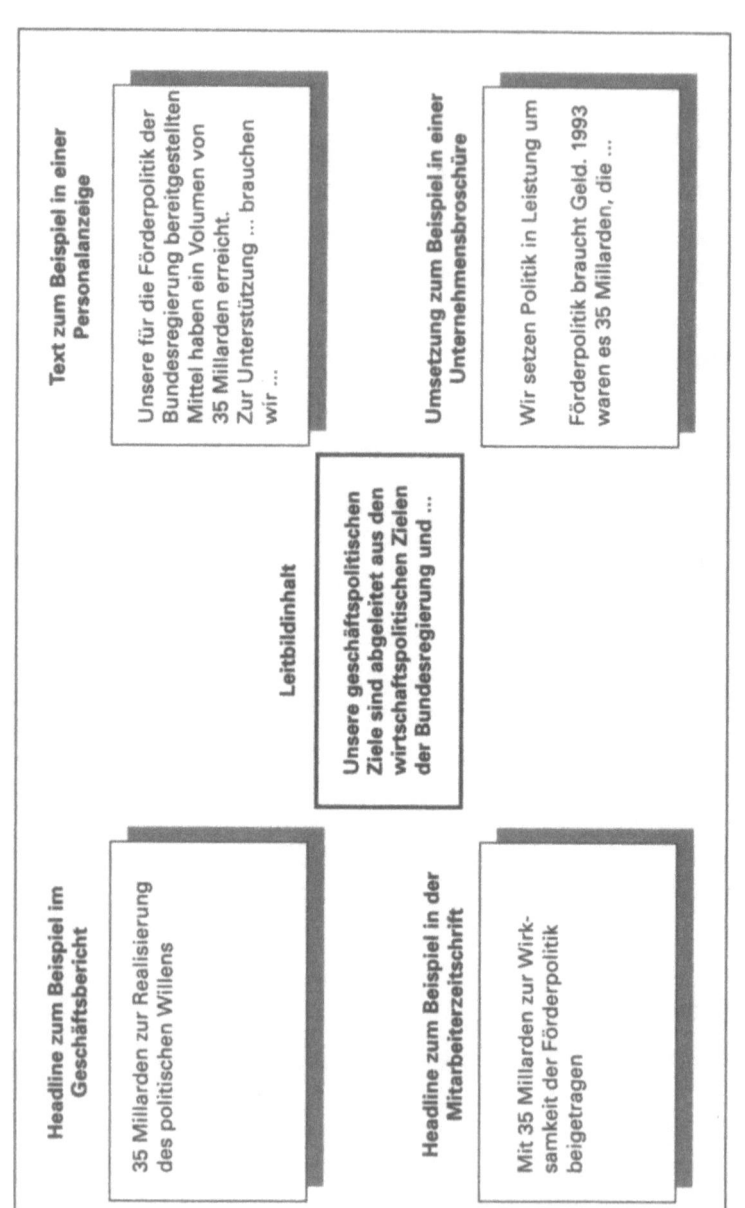

Abbildung 23: Handhabung von Botschaften („Leitbildinhalten")

men, aber auch der Botschaften als Bausteinsystem ist ein solcher Weg: Die erarbeiteten inhaltlichen und visuellen Elemente werden als „Bausteine" der verschiedenen Kommunikationsmittel entwickelt. Dadurch erreicht man nicht nur Zeitvorteile, zum Beispiel aus der Abstimmungsbeschleunigung bei trotzdem hoher Anwendungssicherheit, sondern insgesamt eine hohe Maßnahmeneffizienz, die aus dem Produktionsvorteil durch vielfache Verwendbarkeit der Elemente und gleichzeitig aus ihrer kumulativen Wirkung resultiert.

Überdies fördert dieses System die Kontinuität des Auftritts, vor allem nach draußen. Und Kontinuität stärkt das Unternehmensbild.

Abbildung 23 zeigt das Beispiel einer Textverwendung: Der Satz aus einem Leitbild taucht in verschiedenen Medien auf, in der Diktion ihnen angepaßt, im Sinn aber identisch. Die Zielgruppen bekommen das vermittelt, wovon das Unternehmen überzeugt ist. Es wurde bereits gezeigt, wie eine Vision durch konsequentes Verhalten realisiert werden kann. Hier an dieser Stelle ist hinzuzufügen, daß das konsequente Verhalten eine begleitende Deutung erfahren muß, wenn man schnelle und nachhaltige Erfolge erzielen will.

Die Zentralisierung als Konsequenz: Unternehmenskommunikation ist Führungsaufgabe

Die Vermittlung gleichgerichteter, sich gegenseitig verstärkender Botschaften ist nur durch koordinierte Kommunikation zu ereichen.

Die Kommunikationsmatrix ist der Weg, Kommunikation zu koordinieren und sie produktiv zu machen. Beeinflußt werden Verhalten der Mitarbeiter, die Leistung des Unternehmens und

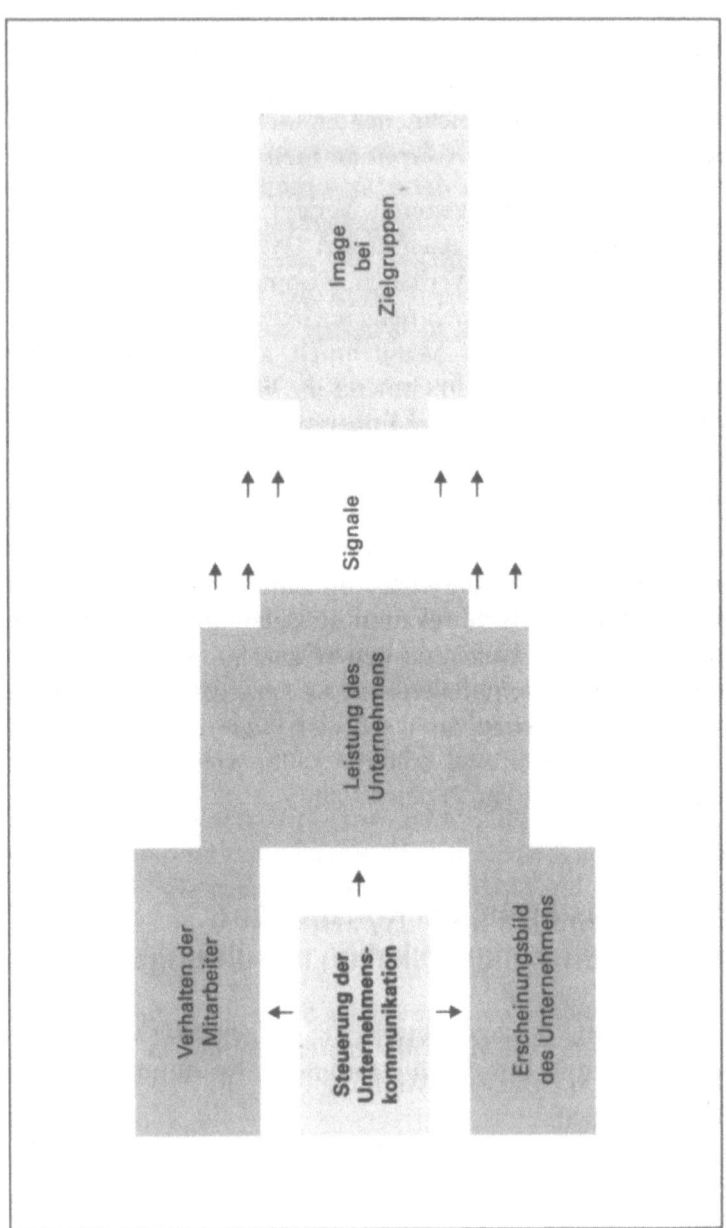

Abbildung 24: Ein klares Image als Ergebnis koordinierter Kommunikation

sein Erscheinungsbild. Stringent gehandhabt, führt diese Kommunikationsmatrix aufgrund ihrer hohen Koordinationsfunktion zur Vermittlung gleichgerichter, sich gegenseitig verstärkender Botschaften: zur Corporate Identity.

In Kapitel 1 und im weiteren Verlauf wurde gezeigt: Jede Profilierungsmaßnahme nach außen (Werbung, PR) hat auch Einfluß nach innen (auf Verhalten, Kommunikation, Leistung). Profilierung eines Unternehmens nach außen ist nicht nur von den explizit ergriffenen Maßnahmen abhängig: Mitarbeiter prägen das Bild des Unternehmens, ihr Verhalten wiederum ist das Ergebnis interner Kommunikation. Kommunikation nach außen muß daher im Gleichklang mit der internen Kommunikation erfolgen.

Durch Abstimmung können Reibungsverluste vermieden, Synergieeffekte erzielt und die Kommunikation produktiv gemacht werden. Interne Kommunikation ist dabei als Grundlage der Unternehmenskommunikation zu sehen: Sie muß funktionieren, damit das Unternehmen eine Leistung erbringt, von der es dann, ohne gestraft zu werden, behaupten kann, sie sei einmalig – und zwar gut.

Die Koordination im Alltag wird durch die Schaffung einer zentralen Stelle gesichert, die sämtliche Kommunikationsverantwortlichen im Unternehmen unterstützen soll. Kommunikationsverantwortlich sind alle, besonders aber jeder Vorgesetzte.

Die Tätigkeitsfelder einer zentralen Stelle für Unternehmenskommunikation sind also Mitarbeiterkommunikation, Presse und Öffentlichkeitsarbeit, Werbung und die Sorge um das Erscheinungsbild.

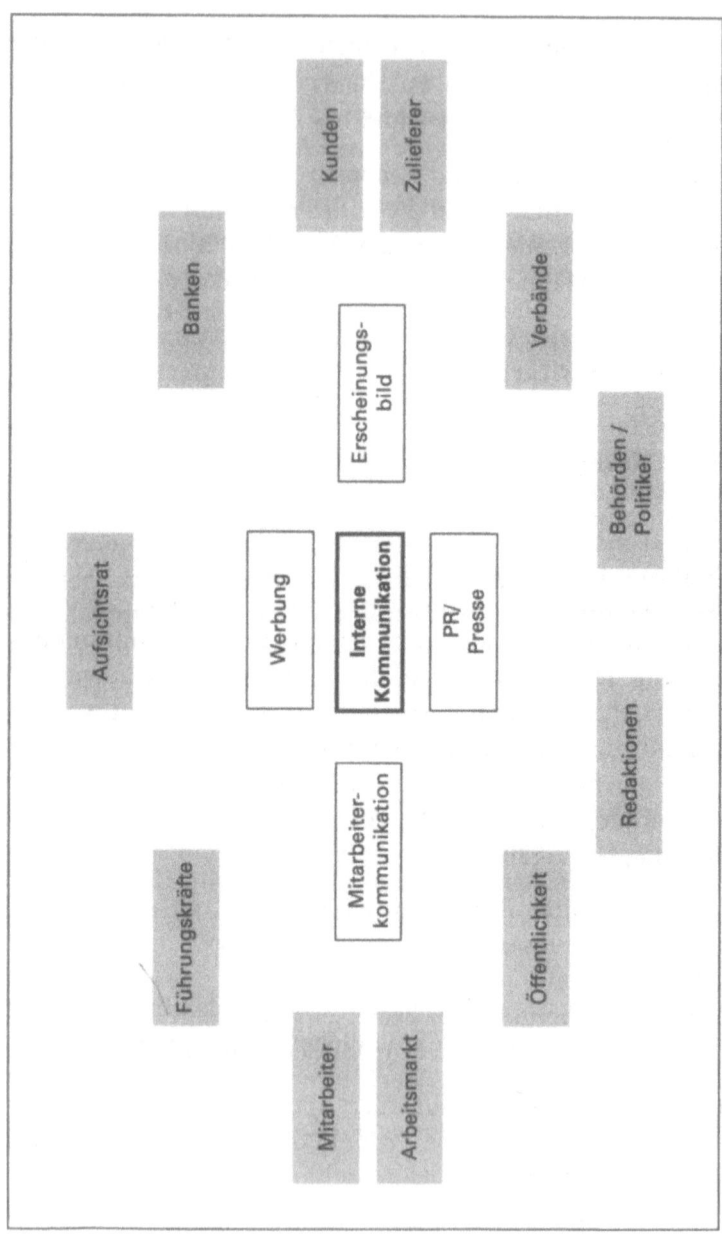

Abbildung 25: Aufgaben und Zielgruppen der zentralen Unternehmenskommunikation

Die Rahmenbedingungen für eine zentrale Unterstützung der Kommunikationsaufgaben im Unternehmen sind (neben sich kurzfristig ändernden Zielen und Inhalten):

- Unternehmensziele und Leitlinien zum Aufbau der Unternehmensidentität sowie die in der Kommunikationsmatrix enthaltenen Dimensionen („Problem" als Warnung, Bedarf, Ziele und Maßnahmen als Aufgabenstruktur),
- Grundsätze der Führung und Zusammenarbeit (aus dem Leitbild entwickelt),
- Einstellungen und Werte der Mitarbeiter und gesellschaftliche Normen,
- Corporate Design.

Interne Kommunikation erfordert Systematik: Nur der gezielte Einsatz der einzelnen Instrumente, ihre Verknüpfung, Koordination und Professionalisierung garantieren den Kommunikationserfolg. Das bedeutet, daß das Augenmerk auch darauf zu richten ist, daß die Führungskräfte in die Lage versetzt werden, ihrer Bindeglied- und Vorbildfunktion gerecht zu werden. Also sind entsprechend Maßnahmen der persönlichen Kommunikation zu fördern wie auch Maßnahmen, die zur individuellen Befähigung beitragen:

- offene Kommunikation zu praktizieren,
- Konflikte zu lösen,
- Vorbild zu sein,
- ein Mitarbeitergespräch beiderseits befriedigend zu führen,
- bereichsübergreifende Team-Moderation zu beherrschen.

Externe Kommunikation erfordert ebenfalls Systematik, wenn sie nicht nur kurzfristig ein Produkt „pushen", sondern langfristig das produzierende Unternehmen erhalten soll. „Werbung soll verkaufen" ist sicherlich richtig, aber Verkaufen ist

Mittel zum Zweck. Wer gute Werbung macht, verliert das nicht aus dem Auge.

Und nun noch ein Wort zum Vertrieb. Die Leute darauf zu trimmen, daß sie Abschlüsse bringen, reicht nicht, kann sogar gefährlich sein. Sie müssen *das Unternehmen* verkaufen. Ihre Kommunikation mit dem Kunden muß in dieser Hinsicht genauso einwandfrei sein wie die Kommunikation zwischen ihnen und dem Innendienst. Hier darf kein Schwarzer Peter hin- und hergeschoben werden. Daß dies nicht geschieht, dafür ist die Unternehmensleitung verantwortlich. Und es bedarf sorgfältiger Überlegung, ob der Vertrieb „Fremden" übertragen wird: Wenn sie sich nicht mit dem Unternehmen, sondern nur mit ihrem Umsatz identifizieren, werden sie keine Stütze für ein positives Unternehmensprofil sein.

Die Botschaften aus der Kommunikationsmatrix zeigen das Bild, das sowohl von PR- und Pressearbeit wie von der Produktwerbung inhaltlich aufzubauen und selbstverständlich vom Vertrieb mitzutragen ist. Die Corporate-Design-Richtlinien geben den Rahmen für die *optische Gestaltung.* Das heißt nicht, daß der bildliche Auftritt nun gleichsam geometrisch langweilig ist. Aber die Kreation darf dem definierten Selbstverständnis nicht widersprechen, ganz im Gegenteil sollte auch die Produktwerbung das Bild von der Unternehmenskompetenz stützen.

Schlußwort: Kommunikation und Ethik

Auch wenn weder die Produktivität noch die Rentabilität der Unternehmenskommunikation bestimmt werden kann, so ist der Einfluß der Kommunikation auf Produktivität und Rentabiliät des Unternehmens und damit auf seine Existenz unbestritten. So weit so gut.

Mancher Leser vermißt vielleicht die Beweisführung durch *benannte* Beispiele. Bei der vorgestellten Philosophie und Vorgehensweise können Unternehmen kaum benannt werden, ohne daß man ihnen „die Hosen runterläßt". Ich hoffe, daß auch ohne solchen Strip zu verstehen ist, welche Bedeutung Kommunikation für Erfolg und Bestand eines Unternehmens beziehungsweise einer Gemeinschaft hat und daß die „Leitenden" im Unternehmen wie in jeder anderen Organisation für die Qualität der Kommunikation verantwortlich sind.

Nur zur Ergänzung sei erwähnt: Wenn Kommunikation eine gemeinschaftserhaltende, weil konsensfördernde Funktion hat, dann hat sie auch eine ethische. Die Ethik als philosophische Disziplin befaßt sich mit den Voraussetzungen für sinnvolles Zusammenleben. Und schon Aristoteles zum Beispiel hat indirekt die Bedeutung der Kommunikation herausgestellt, wenn er meint, daß der Mensch in „ethische Tugenden" gleichsam *hineingeboren* werde, da sie ihm durch die in der Gesellschaft vorfindbare Ordnung *vermittelt* werden. Ihren Wert erhielten sie aus der *Zustimmung* in der Gesellschaft.

Es ist gleich, ob man „ewig gültige" Werte annimmt oder von relativ kurzlebigen Wertemustern ausgeht: Wenn Werte nicht kommuniziert werden, werden sie niemandem als solche bewußt — es gibt sie nicht.

Mithin: Je weniger in einer Ansammlung von Individuen kommuniziert wird, desto weniger wird es gemeinsame Überzeugungen geben; desto weniger gar wird man bei ihnen gemeinsame, *langfristige oder gar „ewige"* Werte feststellen; desto weniger kann man von einer Gemeinschaft sprechen. Eine Gemeinschaft baut auf Gemeinsamkeiten und sucht Wege, sie lebendig zu halten. Das heißt nicht, daß eine Gemeinschaft vom einzelnen die Aufgabe seiner Individualität erwarten oder verlangen dürfte, aber sie kann erwarten, daß er seine Individualität in das Erreichen von Zielen mit einbringt, die dem Erhalt der Gesamtheit dienen: aus Weitsicht, purer Eigenliebe oder Zuneigung oder wie er es halt kann. Der Mensch soll seine Interessen keineswegs hinter dem Gemeinwohl *zurückstellen,* sondern — gelegentlich — sein alles überdauerndes Interesse am Überleben (das jedenfalls den „normalen" Menschen kennzeichnet) der unmittelbaren Befriedigung seiner Bedürfnisse vorziehen: Gemeinschaftsorientierung zur Sicherung der individuellen Freiheit. Das Verhaftetsein im Augenblick aber macht „ethisches" Verhalten so schwer.

Die Gemeinschaft muß aber auch etwas tun, damit sie für den einzelnen attraktiv bleibt. Und was für Unternehmen gilt — daß sie sich nicht nur um äußere Attraktivität, sondern auch um die Identifikation der Mitarbeiter mühen —, das gilt auch für andere Organisationen einschließlich „des Staates", der bekanntlich „wir" sind. Wer will, daß ethische Maßstäbe in Wirtschaft und Politik, ja generell in unserer Gesellschaft, mehr Spuren hinterlassen, der muß sich dafür einsetzen, daß sie kommuniziert werden — nicht nur auf philosophischen und theologischen Hochschulen. Das heißt: Wir müssen die Begründung für unser Tun und Lassen an Werte binden, Gelegenheit dazu haben wir genug. „Kosten" sind aber kein ethischer Wert; erst die Begründung der Kostenorientierung gibt Aufschluß über die Ethik des Handelnden. Und man muß sich eben entscheiden, ob man wirklich „mehr Ethik" will und bereit ist, sich dafür ein Kopfschütteln einzuhandeln, selbst derer, die den Mangel an Ethik ebenfalls beklagen, oder ob man lieber den Mund hält und den Schwund an Konsens als Konsequenz trägt.

Abbildungsverzeichnis

Abb. 1.1:	Die Ziele der externen institutionellen Kommunikation	13
Abb. 1.2:	Die Instrumente der externen institutionellen Kommunikation	14
Abb. 1.3:	Die Zielgruppen der externen institutionellen Kommunikation	15
Abb. 2:	Ist alles durchdacht? Die Werbung in enger Verbindung zur Unternehmensführung	16
Abb. 3:	Eine fast normale Situation und ihre Folgen	58
Abb. 4.1:	Beispiele für von außen als Fehlverhalten erlebte Symptome	59
Abb. 4.2:	Beispiele für intern erkennbare Symptome	60
Abb. 4.3:	Selbsttest für Führungskräfte	61
Abb. 5:	Aufwand und Ergebnis von Kommunikation	66
Abb. 6:	Die Bedürfnishierarchie und ihre Konsequenzen im Unternehmen	72
Abb. 7:	Grundmotivationen für Verhaltensänderung	74
Abb. 8:	Standard-Lehrsätze der Betriebswirtschaft	78
Abb. 9:	Der Marketing-Regelkreis	89
Abb. 10:	Definition von Corporate Identity	91
Abb. 11:	Die Vorgehensweise bei der Verbesserung der Unternehmenskommunikation	97

Abb. 12:	Grundschema der Kommunikationsmatrix	111
Abb. 13:	Kommunikationsmatrix – Auszug aus einem Praxisbeispiel	112
Abb. 14:	Kommunikationsmatrix – ihr hoher Einfluß auf die Produktivität der Unternehmenskommunikation	114
Abb. 15:	Bestimmung von Maßnahmen	118
Abb. 16:	Was geschieht mit dem Bedarf?	120
Abb. 17:	Von den Maßnahmen erreichte Zielgruppen	121
Abb. 18:	Wirkungskreis der Kompetenzaussage am Beispiel Ferngas Nordbayern	127
Abb. 19:	Die Grundbestandteile eines Leitbildes	132
Abb. 20:	Die zentrale Funktion des Leitbildes	134
Abb. 21:	Zuordnung von MAZ-Beiträgen und Mitarbeiterinteresse	144
Abb. 22:	Befriedigung von Mitarbeiterinteressen durch MAZ-Beiträge	145
Abb. 23:	Handhabung von Botschaften („Leitbildinhalten")	152
Abb. 24:	Ein klares Image als Ergebnis koordinierter Kommunikation	154
Abb. 25:	Aufgaben und Zielgruppen der zentralen Unternehmenskommunikation	156

Der Autor

Georg Hanke, Jahrgang 1940, Diplom-Psychologe mit werblicher und journalistischer Ausbildung, arbeitet heute als selbständiger Kommunikationsberater in München. Stationen in seinem Berufsleben (nach Bundeswehr und Studium der Psychologie, Völkerkunde und Politikwissenschaft): Markt- und Meinungsforschung bei Infratest, Marketing beim ADAC, Werbeforschung  bei der Agentur Grey, Aufbau der Marktforschung beim DEKRA, Berater bei der Umwelt Systeme GmbH (Öffentlichkeitsarbeit) und schließlich bei der Corporate-Identity-Agentur Keysselitz. Georg Hanke hat sich spezialisiert auf IST-Analysen und den Nachweis von Handlungsbedarf, auf Moderation bei der Entwicklung von Unternehmens-Leitbildern und darauf aufbauenden Kommunikationskonzepten.

Weitere Management-Literatur

Robert Becker
Besser miteinander umgehen
Die Kunst des interaktiven
Managements
284 Seiten, 78,– DM

Heinz Benölken / Peter Greipel
Dienstleistungsmanagement
Service als strategische Erfolgsposition
248 Seiten, 78,– DM

Matthias zur Bonsen
Führen mit Visionen
Der Weg zum ganzheitlichen
Management
188 Seiten, 68,– DM

Günter Botschen / Karl Stoss
Strategische Geschäftseinheiten
Marktorientierung im Unternehmen
organisieren
172 Seiten, 78,– DM

Dietrich Buchner (Hrsg.)
NLP im Business
Konzepte für schnelle
Veränderungen
256 Seiten, 78,– DM

Dietrich Buchner (Hrsg.)
Team-Coaching
Gemeinsam zum Erfolg
276 Seiten, 78,– DM

Jürgen Fuchs (Hrsg.)
Das biokybernetische Modell
Unternehmen als Organismen
236 Seiten, 84,– DM

Helmut Geiselhart
**Wie Unternehmen
sich selbst erneuern**
Konzepte für die Umsetzung
184 Seiten, 78,– DM

Peter Heintel / Ewald E. Krainz
Projektmanagement
Eine Antwort auf die Hierarchiekrise?
264 Seiten, 78,– DM

Hirzel Leder & Partner (Hrsg.)
Synergiemanagement
Komplexität beherrschen,
Verbundvorteile erzielen
272 Seiten, 89,– DM

Dennis C. Kinlaw
Spitzenteams
Spitzenleistungen durch
effizientes Teamwork
220 Seiten, 68,– DM

Baldur Kirchner
Dialektik und Ethik
Besser führen mit Fairneß
und Vertrauen
232 Seiten, 68,– DM

Weitere Management-Literatur

Georg Kraus / Reinhold Westermann
Projektmanagement mit System
Organisation, Methoden, Steuerung
200 Seiten, 68,– DM

Arthur D. Little (Hrsg.)
Management der Lernprozesse im Unternehmen
264 Seiten, 84,– DM

Rudolf Mann
Das visionäre Unternehmen
Der Weg zur Vision in zwölf Stufen
188 Seiten, 59,80 DM

Attila Oess
Total Quality Management
Die ganzheitliche Qualitätsstrategie
348 Seiten, 84,– DM

Friedrich Reutner
Die Strategie-Tagung
Strategische Ziele systematisch erarbeiten und Maßnahmen festlegen
324 Seiten, 148,– DM

Horst Rückle
Mit Visionen an die Spitze
Zukunftsorientiert denken, handeln und führen
256 Seiten, 68,– DM

Thomas Sattelberger (Hrsg.)
Die lernende Organisation
Konzepte für eine neue Qualität der Unternehmensentwicklung
274 Seiten, 98,– DM

Dana Schuppert (Hrsg.)
Kompetenz zur Führung
Was Führungspersönlichkeiten auszeichnet
248 Seiten, 68,– DM

Gerhard Schwarz
Konfliktmanagement
Sechs Grundmodelle der Konfliktlösung
324 Seiten, 89,– DM

Georg Turnheim
Chaos und Management
328 Seiten, 98,– DM

Rudolf Wimmer (Hrsg.)
Organisationsberatung
Neue Wege und Konzepte
384 Seiten, 89,– DM

Zu beziehen über den Buchhandel oder den Verlag.

Stand der Angaben und Preise:
1.11.1995
Änderungen vorbehalten.

GABLER
BETRIEBSWIRTSCHAFTLICHER VERLAG DR. TH. GABLER GMBH, TAUNUSSTRASSE 54, 65183 WIESBADEN

MIX
Papier aus verantwortungsvollen Quellen
Paper from responsible sources
FSC® C105338

If you have any concerns about our products,
you can contact us on
ProductSafety@springernature.com

In case Publisher is established outside the EU,
the EU authorized representative is:
**Springer Nature Customer Service Center GmbH
Europaplatz 3, 69115 Heidelberg, Germany**

Printed by Libri Plureos GmbH
in Hamburg, Germany